MANUAL DE AUDITORÍA
DE CIBERSEGURIDAD
DESDE CERO

David J. Amarante

Sobre el autor

David J. Amarante, Ingeniero en Sistemas y auditor avalado por la certificación internacional CISA. Cuento con más de diez (10) años de experiencia en el área de auditoría. Trabajé en la principal firma de auditoría a nivel mundial PwC y en diversos sectores como bancos, cadenas de supermercado, farmacias, fábricas, entre otros. He brindado servicios de asesoría y soy instructor de varios cursos de auditoría publicados en la plataforma Udemy con más de 10 000 estudiantes inscritos.

Puedes obtener más información sobre los cursos online en el enlace siguiente: https://www.udemy.com/user/david-amarante/

Para consultas, sugerencias o comentarios me puedes contactar a través del correo electrónico: davidjamarante@gmail.com

AUDITORÍA DE CIBERSEGURIDAD

Contenido

Introducción: Bienvenida y Orientación

Este libro está diseñado para proporcionarles una comprensión completa y práctica de la auditoría de ciberseguridad. A lo largo de varios módulos, exploraremos los principios básicos de la ciberseguridad, marcos y normativas, metodologías de auditoría, evaluación de controles de seguridad, guías de auditoría detalladas, checklist de validación y mucho más. Cada tema lo desarrollaremos a través de conceptos breves, para que puedas asimilar la información de la manera más efectiva y conveniente.

¿Qué aprenderás?

- Los fundamentos de la ciberseguridad y su importancia en el entorno digital actual.
- Cómo planificar y ejecutar una auditoría de ciberseguridad.
- Evaluar y auditar controles de acceso, gestión de identidades, gestión de vulnerabilidades, seguridad de las aplicaciones, protección de datos, seguridad de la red y más.
- Analizar políticas y procedimientos de ciberseguridad, así como planificar la respuesta a incidentes y la continuidad del negocio.
- Conocer sobre técnicas avanzadas de auditoría, como por ejemplo pruebas de penetración y revisiones de configuración.
- Redactar informes de auditoría efectivos para comunicar hallazgos y recomendaciones de manera clara y precisa.

Importancia para su desarrollo profesional

La ciberseguridad es uno de los campos más críticos y dinámicos en el mundo de la tecnología hoy en día. Con el incremento de ataques cibernéticos y amenazas digitales, la necesidad de profesionales capacitados en auditoría de ciberseguridad nunca ha sido mayor. Este texto no solo te proporcionará las habilidades técnicas necesarias, sino también te ayudará a desarrollar un pensamiento crítico y una mentalidad analítica, cruciales para identificar y mitigar riesgos en cualquier organización.

Mi objetivo es apoyar tu aprendizaje y desarrollo. Juntos haremos de este viaje educativo una experiencia enriquecedora y gratificante. Así que, gracias por leer este libro de Auditoría de Ciberseguridad. Estoy emocionado de comenzar este viaje y ver todo lo que lograrás. ¡Vamos a empezar!

Capítulo 1: Introducción a la Auditoría de Ciberseguridad

Definición y Objetivos de la Auditoría de Ciberseguridad

Primero, definamos qué es una auditoría de ciberseguridad. Una auditoría de ciberseguridad es un proceso sistemático y estructurado que evalúa y verifica la seguridad de los sistemas de información de una organización. Esto implica revisar políticas, procedimientos y controles técnicos para asegurar el correcto funcionamiento y la protección de la información contra amenazas y vulnerabilidades.

Objetivos:

Los principales objetivos de una auditoría de ciberseguridad son:

1. **Identificar vulnerabilidades:** Detectar posibles fallos o debilidades en los sistemas de información que podrían ser explotados por atacantes.
2. **Evaluar controles de seguridad:** Verificar que los controles de seguridad implementados son efectivos y cumplen con las políticas y estándares establecidos.
3. **Cumplimiento regulatorio:** Asegurar que la organización cumple con las leyes y regulaciones pertinentes en materia de ciberseguridad.
4. **Mejorar la seguridad:** Proporcionar recomendaciones para mejorar la postura de seguridad de la organización.
5. **Gestionar riesgos:** Ayudar a la organización a comprender y gestionar los riesgos asociados con sus sistemas de información.

La auditoría de ciberseguridad es fundamental para proteger los datos y la infraestructura de TI de una organización.

Importancia de la Ciberseguridad en la Actualidad

En el año 2013, la cadena de tiendas estadounidense Target sufrió uno de los mayores ataques cibernéticos de la historia. Los atacantes lograron acceder a la red de Target a través de un proveedor externo que manejaba los sistemas de calefacción y aire acondicionado de la empresa. Usando credenciales robadas, los hackers instalaron malware en los puntos de venta de las tiendas, lo que les permitió capturar los datos de las tarjetas de crédito y débito de aproximadamente 40 millones de clientes durante la temporada de compras navideñas.

El impacto de este ataque fue devastador. Target tuvo que gastar más de 200 millones de dólares en costos relacionados con la brecha de seguridad, incluyendo la reparación de los sistemas afectados, compensaciones a los clientes y multas regulatorias. Además, la reputación de la empresa sufrió un golpe significativo, y la confianza de los clientes disminuyó considerablemente.

Este incidente subraya la importancia de las revisiones de auditoría en la ciberseguridad. Si Target hubiera realizado auditorías regulares y exhaustivas de su red y de los accesos proporcionados a terceros, podrían haber identificado y corregido las vulnerabilidades antes de que los atacantes las explotaran. Las auditorías de ciberseguridad ayudan a identificar riesgos y a implementar controles adecuados para prevenir incidentes similares.

Escenario Actual:

Vivimos en una era digital donde casi todas nuestras actividades diarias dependen de la tecnología. Desde las transacciones bancarias hasta la comunicación personal, la tecnología está en el corazón de todo. Con esta dependencia creciente, también han aumentado los riesgos de ciberataques.

Algunas de las amenazas más comunes incluyen:

- *Malware*: *Software* malicioso que puede dañar sistemas o robar información.
- *Phishing*: Intentos de engañar a los usuarios para que revelen información confidencial.
- *Ransomware*: *Software* que bloquea el acceso a los sistemas hasta que se pague un rescate.
- **Ataques de denegación de servicio (DoS)**: Intentos de interrumpir el servicio normal de un sitio web o sistema.

Los ciberataques pueden tener consecuencias devastadoras, tales como:

- **Pérdida de datos sensibles:** Información personal, financiera o comercial puede ser robada.
- **Daños financieros:** Los costos de recuperación y las multas por incumplimiento pueden ser muy altos.
- **Reputación dañada:** La confianza de los clientes y socios puede verse gravemente afectada.
- **Interrupción de operaciones:** Los ataques pueden causar paradas en las operaciones comerciales.

La ciberseguridad se ha convertido en una prioridad para todas las organizaciones. Proteger los sistemas de información es esencial no solo para mantener la operatividad, sino también para preservar la confianza y cumplir con las obligaciones legales y regulatorias.

Rol del Auditor de Ciberseguridad

¿Cuál es el rol del auditor de ciberseguridad? ¿Quiénes son y qué hacen?

Un auditor de ciberseguridad es un profesional especializado que se encarga de evaluar y asegurar la efectividad de los controles de seguridad en una organización. Esto implica una serie de tareas y responsabilidades clave.

Responsabilidades Principales:
1. **Revisión de Políticas y Procedimientos:**
   - Analizar y evaluar las políticas de seguridad de la organización para asegurar que son adecuadas y están actualizadas.
2. **Evaluación de Controles Técnicos:**
   - Examinar los sistemas y redes para verificar que los controles técnicos, como *firewalls* y sistemas de detección de intrusos, están implementados y funcionando correctamente.
3. **Pruebas de Vulnerabilidad y Penetración:**
   - Realizar pruebas para identificar posibles vulnerabilidades que puedan ser explotadas por atacantes.
4. **Cumplimiento Normativo:**
   - Asegurar que la organización cumple con todas las leyes, regulaciones y estándares de la industria aplicables.

5. **Informe de Hallazgos:**
   - Documentar los hallazgos de la auditoría y proporcionar recomendaciones detalladas para mejorar la seguridad.
6. **Educación y Concienciación:**
   - Evaluar las actividades realizadas para educar a los empleados sobre las mejores prácticas de ciberseguridad y la importancia de seguir las políticas de seguridad.

Habilidades y Conocimientos Necesarios:

Para ser un auditor de ciberseguridad eficaz se necesitan una serie de habilidades y conocimientos específicos.

- Conocimientos técnicos de informática.
- Conocimientos técnicos en seguridad de la información.
- Conocimiento de las normativas y estándares de ciberseguridad.
- Habilidades analíticas y de resolución de problemas.
- Capacidad para comunicarse claramente y presentar hallazgos a diferentes audiencias.

Conclusión:

El auditor de ciberseguridad juega un papel crucial en la protección de la información y los sistemas de una organización. Su trabajo ayuda a identificar y mitigar riesgos, asegurando con ello que la organización puede operar de manera segura y eficiente.

Capítulo 2: Principios Básicos de la Ciberseguridad

Definiciones Claves

Vamos a definir algunos conceptos fundamentales para entender la ciberseguridad. Comenzaremos con la definición de «seguridad de la información» y «ciberseguridad», y exploraremos las diferencias entre ellas.

Seguridad de la Información:

Se refiere a la protección de la información y los sistemas de información contra el acceso no autorizado, uso, divulgación, interrupción, modificación o destrucción. Incluye la confidencialidad, integridad y disponibilidad de los datos, independientemente del formato (digital o físico).

Ciberseguridad:

Es una rama de la seguridad de la información que se enfoca específicamente en proteger los sistemas de información, redes y datos de los ciberataques. Se centra en la protección contra amenazas que emergen en el entorno digital.

Diferencias entre Seguridad de la Información y Ciberseguridad:

Si bien estos términos están relacionados, hay algunas diferencias clave:

- **Ámbito:** La seguridad de la información abarca todas las formas de datos, incluyendo formatos físicos como documentos en papel. La ciberseguridad se concentra en la protección de datos y sistemas en el ciberespacio.
- **Enfoque:** La ciberseguridad se centra principalmente en proteger contra ciberataques y amenazas digitales. La seguridad de la in-

formación tiene un enfoque más amplio, incluyendo aspectos de protección física y administrativa.

La ciberseguridad es un componente vital de la seguridad de la información y se enfoca en el mundo digital. Para entender esto mejor, veamos lo siguiente:

Ejemplo Práctico: Empresa TechSecure

Seguridad de la Información

La empresa TechSecure maneja una gran cantidad de datos sensibles, incluyendo documentos físicos y digitales. Un día, durante una auditoría de seguridad de la información, los auditores descubren que algunos documentos confidenciales en papel, almacenados en un archivador, no estaban asegurados adecuadamente. Estos documentos contenían información financiera crítica y planes estratégicos de la empresa.

Para abordar este problema, TechSecure implementó varias medidas de seguridad de la información:

- **Controles Físicos:** Colocaron cerraduras de alta seguridad en los archivadores y restringieron el acceso a las áreas donde se almacenaban documentos sensibles.

- **Políticas Administrativas:** Desarrollaron políticas claras sobre quién puede acceder a determinada información y cómo debe manejarse la documentación física.

Ciberseguridad

Mientras tanto, TechSecure también enfrenta desafíos en el ámbito digital. Recientemente, uno de sus empleados recibió un correo electrónico de *phishing* que parecía provenir de un proveedor legítimo. Al hacer clic en el enlace, se descargó un *malware* que intentó robar datos de la red de la empresa.

Para mitigar este tipo de amenazas, TechSecure adoptó varias medidas de ciberseguridad:

- **Protección Contra Ciberataques:** Implementaron soluciones de antivirus y *antimalware*, así como *firewalls* para proteger su red contra accesos no autorizados.

- **Capacitación de Empleados:** Ofrecieron programas de concienciación sobre seguridad cibernética para educar a los empleados sobre los riesgos del *phishing* y cómo identificar correos electrónicos sospechosos.

- **Monitoreo y Respuesta:** Establecieron un equipo de respuesta a incidentes para monitorear actividades sospechosas y responder rápidamente a cualquier intento de ciberataque.

Resumen de Diferencias

En este ejemplo, **la seguridad de la información** se enfocó en proteger tanto datos físicos como digitales, implementando controles físicos y políticas administrativas para asegurar documentos confidenciales. Por otro lado, **la ciberseguridad** se centró específicamente en proteger los sistemas digitales y datos en el ciberespacio contra amenazas cibernéticas, como el *phishing* y el *malware*.

Conceptos Clave

Vamos a profundizar en conceptos claves y principios básicos de la ciberseguridad.

- **Amenazas:** Una amenaza es cualquier circunstancia o evento con el potencial de causar daño a los sistemas de información o datos. Ejemplos incluyen *malware*, *phishing*, ataques de denegación de servicio y *hackers*.

  Ejemplo: Un empleado de una empresa recibe un correo electrónico de *phishing* que parece provenir de su banco. El correo contiene un enlace que, al hacer clic, descarga un *malware* en su computadora y compromete la seguridad de los datos de la empresa. En este caso tenemos como amenaza los ataques de *phishing*.

- **Vulnerabilidades:** Una vulnerabilidad es una debilidad o falla en un sistema de información que puede ser explotada por una amenaza para causar daño. Casos típicos incluyen errores de *software*, configuraciones incorrectas y falta de parches de seguridad.

Ejemplo: Un sitio web de comercio electrónico tiene una versión desactualizada de su *software* de gestión de contenido (CMS) que contiene una vulnerabilidad conocida. Los *hackers* pueden explotar esta falla para obtener acceso no autorizado a los datos de los clientes.

- **Riesgos:** El riesgo es la probabilidad de que una amenaza explote una vulnerabilidad, resultando esto en una pérdida o daño. Se calcula como la combinación de la probabilidad de un evento y su impacto.

  Ejemplo: Una empresa no ha actualizado su software antivirus en varios meses (vulnerabilidad), y hay un alto nivel de actividad de malware en su sector (amenaza). El riesgo es alto porque la probabilidad de infección por malware es significativa, y el impacto potencial incluye pérdida de datos y tiempos de inactividad del sistema.

- **Ataques:** Un ataque es una acción deliberada llevada a cabo para explotar una vulnerabilidad y causar daño.

  Ejemplo: Un hacker lleva a cabo un ataque de fuerza bruta contra el servidor de correo electrónico de una empresa, intentando adivinar las contraseñas de los empleados mediante un script automatizado. Eventualmente, logra acceder a varias cuentas de correo, robando información confidencial.

- **Controles de Seguridad:** Los controles de seguridad son medidas implementadas para reducir los riesgos, proteger contra amenazas y asegurar las vulnerabilidades. Pueden ser técnicos, administrativos o físicos.

  Ejemplo: Una empresa implementa autenticación multifactor (MFA) para acceder a su red interna. Este control de seguridad técnico reduce significativamente el riesgo de acceso no autorizado, incluso si las credenciales de un empleado son comprometidas.

- **Incidentes de Seguridad:** Un incidente de seguridad es cualquier evento que comprometa la confidencialidad, integridad, o disponibilidad de la información. La respuesta a incidentes es un proceso crítico en la gestión de la ciberseguridad.

Ejemplo: Una empresa descubre que un atacante ha cifrado sus archivos críticos con *ransomware*, demandando un pago para liberarlos. Este incidente de seguridad compromete la disponibilidad de la información. La empresa activa su plan de respuesta a incidentes, que incluye desconectar sistemas afectados, notificar a las autoridades y restaurar los datos desde copias de seguridad.

Entender estos conceptos es esencial para proteger los sistemas de información y manejar los riesgos de manera efectiva.

Confidencialidad

En una compañía de servicios financieros, los desarrolladores decidieron almacenar datos personales de los clientes, como nombres, direcciones y números de identificación, en una base de datos sin encriptar para agilizar los procesos internos. Un *hacker* aprovechó una brecha de seguridad en la red de la empresa, accedió fácilmente a la base de datos y extrajo una gran cantidad de información sensible.

Este incidente no solo resultó en pérdidas financieras significativas debido al robo de identidad y fraudes, sino también dañó gravemente la reputación de la empresa y llevó a multas y sanciones por no cumplir con las normativas de protección de datos que busca proteger la confidencialidad de esa información.

Definición:

Confidencialidad se refiere a la protección de la información para asegurar que solo las personas autorizadas puedan acceder a ella. En otras palabras, se trata de mantener los datos privados y seguros contra accesos no autorizados.

La confidencialidad es crucial porque garantiza que la información sensible, como datos personales, financieros o secretos comerciales, no caiga en manos equivocadas. Esto es vital para proteger la privacidad y evitar fraudes o espionaje.

Algunas amenazas comunes a la confidencialidad incluyen:
- **Intercepciones de comunicación:** Donde atacantes interceptan mensajes en tránsito.

- **Acceso no autorizado:** Por ejemplo, cuando alguien sin permiso accede a sistemas o archivos.
- **Exfiltración de datos:** Robo de información desde dentro de una organización.

Para proteger la confidencialidad, se utilizan varios controles de seguridad, tales como:
- **Encriptación:** Codificar datos para que solo puedan ser leídos por personas con la clave de desencriptación.
- **Control de acceso:** Restringir el acceso a la información solo a usuarios autorizados.
- **Autenticación:** Verificar la identidad de los usuarios antes de permitirles acceder a sistemas o datos.
- **Políticas de uso aceptable:** Establecer reglas claras sobre cómo se debe manejar y compartir la información.

En resumen, la confidencialidad es fundamental para mantener la seguridad de la información.

Integridad

En una empresa de manufactura, un empleado descontento manipuló los datos del sistema automatizado que monitoreaba y ajustaba los parámetros de las máquinas ensambladoras, y alteró parámetros críticos sin autorización. Esta alteración pasó desapercibida hasta que las piezas defectuosas fueron enviadas a los clientes, lo que resultó en devoluciones masivas, pérdida de contratos y una grave crisis de confianza en la marca.

La investigación reveló que la integridad de los datos había sido comprometida, y se subrayó la necesidad de controles más estrictos y auditorías regulares para proteger la información crítica en los sistemas de producción.

Definición:

La integridad se refiere a la precisión y consistencia de los datos a lo largo de su ciclo de vida. En otras palabras, garantiza que la información no sea alterada de manera no autorizada y se mantenga exacta y confiable.

La integridad es esencial porque asegura que los datos en los que confiamos son precisos y no han sido manipulados. Esto es vital para la toma de decisiones, la operatividad y la reputación de una organización.

Existen amenazas a la integridad, entre las que se incluyen:

- **Modificación no autorizada:** Cambios no permitidos en los datos por parte de usuarios malintencionados.
- **Corrupción de datos:** Daño a los datos debido a errores de *software* o *hardware*.
- **Ataques de inyección:** Donde se insertan datos maliciosos en una aplicación o base de datos.

Para proteger la integridad, se utilizan varios controles:

- **Firmas digitales:** Validar la autenticidad y la integridad de los datos.
- **Controles de acceso y auditoría:** Registrar y monitorear quién accede y modifica los datos.
- **Hashing:** Utilizar funciones hash para asegurar que los datos no han sido alterados.
- **Copias de seguridad:** Mantener copias de los datos para poder restaurarlos en caso de corrupción.

La integridad es vital para asegurar que la información es confiable y precisa.

Disponibilidad

En una empresa de comercio electrónico, un administrador de sistemas accidentalmente desactivó una configuración crítica durante una actualización rutinaria del servidor, lo que causó la caída del sitio web en pleno período de ventas navideñas.

La indisponibilidad del servicio duró varias horas, lo que resultó en miles de pedidos no procesados, pérdidas significativas en ingresos y una avalancha de quejas de clientes frustrados.

Este incidente evidenció la importancia de tener planes de contingencia y redundancias en los sistemas para garantizar la disponibilidad continua de los servicios, especialmente en momentos críticos.

Vamos a hablar sobre el tercer principio básico de la ciberseguridad: la disponibilidad.

Definición:

La disponibilidad se refiere a garantizar que los datos y sistemas estén accesibles y funcionando correctamente cuando se necesitan. En otras palabras, asegurar que la información esté disponible para los usuarios autorizados en el momento que la necesiten.

La disponibilidad es crucial porque permite a los usuarios acceder a la información y los recursos necesarios para realizar sus tareas. Una interrupción en la disponibilidad puede afectar gravemente las operaciones de una organización.

Ejemplos de Amenazas:

- **Ataques de denegación de servicio (DoS):** Intentos de hacer que un sistema no esté disponible para sus usuarios.
- **Fallos de *hardware* o *software*:** Problemas técnicos que pueden causar interrupciones en el servicio.
- **Desastres naturales:** Eventos como terremotos o inundaciones que pueden afectar la infraestructura física.

Controles de Seguridad para la Disponibilidad:

- **Planes de recuperación ante desastres:** Estrategias para recuperar sistemas y datos en caso de un incidente grave.
- **Redundancia y replicación:** Uso de sistemas duplicados y copias de datos para evitar interrupciones.
- **Mantenimiento regular:** Actualizaciones y revisiones periódicas de *hardware* y *software* para prevenir fallos.
- **Monitoreo y alertas:** Sistemas para detectar y responder rápidamente a problemas que afecten la disponibilidad.

En resumen, la disponibilidad asegura que los sistemas y datos estén siempre listos y accesibles cuando se necesitan.

Autenticación y Autorización

Vamos a explorar dos componentes esenciales de la ciberseguridad: la autenticación y la autorización.

La autenticación es el proceso de verificar la identidad de un usuario, dispositivo o sistema. En otras palabras, es cómo comprobamos que alguien es quien dice ser.

Métodos Comunes de Autenticación:
- **Contraseñas:** La forma más común, aunque a veces la menos segura.
- **Autenticación de dos factores (2FA):** Combinación de dos métodos diferentes, como una contraseña y un código enviado al teléfono.
- **Biometría:** Uso de características físicas, como huellas dactilares o reconocimiento facial.
- **Certificados digitales:** Archivos electrónicos que verifican la identidad de una persona o dispositivo.

Definición:

Una vez que la autenticación verifica la identidad, la autorización determina qué recursos y acciones están permitidos para ese usuario. Es el proceso de conceder o denegar permisos.

Ambos procesos son esenciales para:
- **Proteger recursos sensibles:** Asegurar que solo usuarios autorizados puedan acceder a información confidencial.
- **Controlar el acceso:** Evitar que usuarios no autorizados realicen acciones que podrían dañar el sistema o los datos.
- **Cumplir con las políticas de seguridad:** Asegurar que se siguen las reglas y directrices de la organización.

Ejemplos de Implementación:

En una empresa, un empleado podría usar una tarjeta de identificación y una contraseña para autenticarse en el sistema. Luego, basado en su rol, el sistema autorizaría su acceso a ciertas áreas, como bases de datos específicas o aplicaciones.

La autenticación y la autorización son pilares fundamentales para proteger la información y los sistemas de una organización.

Responsabilidad y Trazabilidad

Vamos a hablar sobre la responsabilidad y la trazabilidad, dos conceptos clave en la ciberseguridad.

La responsabilidad se refiere a la obligación de los individuos y las organizaciones de rendir cuentas por sus acciones y decisiones en relación con la seguridad de la información.

La trazabilidad es la capacidad de seguir el rastro de las acciones y eventos en un sistema. Esto implica registrar quién hizo qué y cuándo lo hizo.

Estos conceptos son importantes porque:

- **Fomentan el comportamiento responsable:** Al saber que sus acciones son registradas, los usuarios tienden a seguir las políticas de seguridad.
- **Facilitan la investigación de incidentes:** La trazabilidad permite identificar qué ocurrió y quién estuvo involucrado en caso de un incidente de seguridad.
- **Ayudan en el cumplimiento:** La capacidad de rastrear acciones es a menudo un requisito para cumplir con regulaciones y estándares de seguridad.

Comúnmente se utilizan varios controles de seguridad para la Responsabilidad y Trazabilidad:

- **Registros de auditoría:** Mantener registros detallados de las actividades del sistema y los accesos de los usuarios.
- **Monitoreo continuo:** Utilizar herramientas de monitoreo para detectar y registrar actividades sospechosas.
- **Políticas claras:** Establecer políticas y procedimientos que definan las actividades y responsabilidades de los usuarios.

La responsabilidad y trazabilidad son elementos claves de la ciberseguridad, por lo que debemos validar su correcto establecimiento en la empresa.

Capítulo 3: Marcos y Normativas de Ciberseguridad

NIST Framework

Vamos a hablar sobre el NIST Framework, un marco importante en el mundo de la ciberseguridad.

El NIST Framework es un conjunto de directrices, normas y prácticas diseñado por el Instituto Nacional de Estándares y Tecnología de los Estados Unidos (NIST) para ayudar a las organizaciones a gestionar y reducir riesgos de ciberseguridad. Es ampliamente utilizado y reconocido por su enfoque estructurado y práctico.

Componentes del NIST Framework:

El marco se compone de cinco funciones principales:

- **Identificar:** Entender el contexto, los activos y los riesgos de ciberseguridad.
- **Proteger:** Implementar medidas de seguridad para proteger los sistemas críticos.
- **Detectar:** Identificar actividades anómalas y potenciales ciberataques.
- **Responder:** Planificar y actuar frente a incidentes de ciberseguridad.
- **Recuperar:** Restaurar capacidades y servicios afectados tras un incidente.

El NIST Framework es flexible y puede adaptarse a diferentes tipos y tamaños de organizaciones. Proporciona una hoja de ruta clara para mejorar la postura de ciberseguridad y es compatible con otras normativas y marcos.

En resumen, el NIST Framework es una herramienta esencial para cualquier organización que busque mejorar su ciberseguridad.

ISO/IEC 27001

Vamos a explorar la norma ISO/IEC 27001, un estándar internacional para la gestión de la seguridad de la información.

La ISO/IEC 27001 es una norma internacional que especifica los requisitos para establecer, implementar, mantener y mejorar un Sistema de Gestión de Seguridad de la Información (SGSI). Está diseñada para ayudar a las organizaciones a proteger su información de manera sistemática y eficiente.

Algunos de los componentes clave incluyen:
- **Evaluación de riesgos:** Identificar y evaluar los riesgos de seguridad de la información.
- **Controles de seguridad:** Implementar medidas de seguridad para mitigar los riesgos.
- **Políticas de seguridad:** Definir y comunicar políticas y procedimientos de seguridad.
- **Revisión y mejora continua:** Monitorear y revisar el SGSI para asegurar su eficacia y realizar mejoras continuas.

Proceso de Certificación:

Para obtener la certificación ISO/IEC 27001, una organización debe pasar por una auditoría externa realizada por un organismo de certificación acreditado. La certificación demuestra el compromiso de la organización con la seguridad de la información.

Beneficios de la ISO/IEC 27001:

La certificación ISO/IEC 27001 puede mejorar la confianza de los clientes, cumplir con requisitos legales y reglamentarios, y reducir el riesgo de incidentes de seguridad.

La ISO/IEC 27001 proporciona un marco robusto para gestionar la seguridad de la información.

COBIT 5

COBIT 5, que significa '*Control Objectives for Information and Related Technology*', es un marco desarrollado por ISACA para la gestión y gobernanza de la tecnología de la información. Proporciona principios, prácticas y herramientas para ayudar a las organizaciones a gestionar y gobernar su TI de manera efectiva.

COBIT 5 se basa en cinco principios clave:
- **Atender las necesidades de los interesados:** Asegurar que la TI satisface las necesidades y expectativas de todas las partes interesadas.
- **Cubrir la organización de extremo a extremo:** Integrar la gobernanza de TI en toda la organización.
- **Aplicar un marco único e integrado:** Utilizar un marco que unifique y se alinee con otros estándares y buenas prácticas.
- **Habilitar un enfoque holístico:** Considerar todos los factores relevantes, incluyendo personas, procesos y tecnología.
- **Distinguir la gobernanza de la gestión:** Separar claramente las funciones de gobernanza y gestión de TI.

COBIT 5 incluye componentes como:
- **Modelo de procesos:** Define procesos para la gobernanza y gestión de TI.
- **Metas en cascada:** Traducir los requisitos de los interesados en objetivos específicos.
- **Habilitadores:** Factores que influyen en la eficacia de la gobernanza y gestión de TI, como principios, políticas, marcos y cultura organizacional.

Beneficios de COBIT 5:

Implementar COBIT 5 puede mejorar la alineación entre TI y los objetivos de negocio, aumentar la eficiencia operativa y fortalecer la gestión de riesgos. Por lo que es un marco poderoso para la gobernanza y gestión de TI.

GDPR y PCI-DSS

GDPR (Reglamento General de Protección de Datos):

El GDPR es una regulación de la Unión Europea diseñada para proteger la privacidad y los datos personales de sus ciudadanos. Entró en vigor en mayo de 2018 y establece estrictas directrices sobre cómo deben manejarse y protegerse los datos personales.

Principales Requisitos de GDPR:

- **Consentimiento:** Obtener el consentimiento explícito de los individuos para procesar sus datos.
- **Derecho al acceso y rectificación:** Permitir a los individuos acceder a sus datos y corregir cualquier error.
- **Derecho al olvido:** Permitir a los individuos solicitar la eliminación de sus datos personales.
- **Notificación de violaciones:** Informar a las autoridades y a los afectados sobre violaciones de datos en un plazo de 72 horas.
- **Seguridad de los datos:** Implementar medidas adecuadas para proteger los datos personales.

El incumplimiento del GDPR puede resultar en multas significativas, de hasta el 4 % de la facturación anual global de la empresa o 20 millones de euros.

PCI-DSS (Estándar de Seguridad de Datos para la Industria de Tarjetas de Pago):

El PCI-DSS es un conjunto de requisitos desarrollados por el Consejo de Normas de Seguridad de la Industria de Tarjetas de Pago para proteger los datos de tarjetas de crédito y débito. Es obligatorio para todas las organizaciones que procesan, almacenan o transmiten datos de tarjetas de pago.

Requisitos Clave de PCI-DSS:

- **Construir y mantener una red segura:** Utilizar *firewalls* y contraseñas seguras.
- **Proteger los datos del titular de la tarjeta:** Encriptar la transmisión de datos y proteger la información almacenada.
- **Mantener un programa de gestión de vulnerabilidades:** Usar y actualizar *software* antivirus y mantener sistemas seguros.
- **Implementar medidas de control de acceso sólido:** Restringir el acceso a los datos de tarjetas de pago y monitorear el acceso de los empleados.
- **Monitorear y probar las redes regularmente:** Realizar pruebas de seguridad y monitoreo continuo de la red.

Beneficios de Cumplir con PCI-DSS:

Cumplir con PCI-DSS ayuda a prevenir fraudes con tarjetas de pago, protege a los clientes y mejora la reputación de la empresa.

En resumen, tanto el GDPR como el PCI-DSS son cruciales para proteger datos sensibles y garantizar la seguridad de la información.

Otros Marcos y Normativas Relevantes

Vamos a explorar otros marcos y normativas relevantes en el ámbito de la ciberseguridad.

Otros Marcos y Normativas:

1. **CIS Controls (*Center for Internet Security Controls*):** Los CIS Controls son un conjunto de prácticas recomendadas para mejorar la ciberseguridad. Incluyen 20 controles críticos que ayudan a las organizaciones a priorizar y enfocarse en áreas clave para mejorar su postura de seguridad.
2. **HIPAA (*Health Insurance Portability and Accountability Act*):** HIPAA es una normativa de EE. UU. que establece estándares para proteger la información médica de los pacientes. Incluye reglas de privacidad, seguridad y notificación de violaciones de datos.
3. **FISMA (*Federal Information Security Management Act*):** FISMA es una ley de EE. UU. que requiere que las agencias federales desarrollen, documenten e implementen programas de seguridad de la información para proteger sus datos y sistemas.
4. **SOX (*Sarbanes-Oxley Act*):** SOX es una ley de EE. UU. que establece requisitos para la gestión y auditoría de los controles internos de las empresas públicas, incluyendo la seguridad de la información financiera.
5. **CSA (*Cloud Security Alliance*):** La CSA proporciona mejores prácticas y estándares para asegurar los entornos de computación en la nube. Su marco 'Cloud Controls Matrix' ayuda a las organizaciones a evaluar los riesgos de seguridad en la nube.

Importancia de Cumplir con Estas Normativas:

Cumplir con estos marcos y normativas no solo ayuda a proteger los datos y sistemas, sino que también puede mejorar la confianza de los clientes, cumplir con los requisitos legales y regulatorios, y reducir el riesgo de incidentes de seguridad.

Hay muchos marcos y normativas importantes que pueden ayudar a las organizaciones a mejorar su ciberseguridad. Comprender y seguir estas directrices es crucial para proteger la información y asegurar el cumplimiento. Recuerda que, para fines de cumplimiento regulatorio, estos marcos no necesariamente serían aplicables a nuestra organización, pues esto depende del país, tipo de empresa y de otras características.

Conclusión del Capítulo:

Hemos explorado el NIST Framework, ISO/IEC 27001, COBIT 5, GDPR, PCI-DSS y otros marcos relevantes. Espero que esta información les haya sido útil y los ayude a mejorar su conocimiento y sus prácticas de ciberseguridad.

Capítulo 4: Metodologías de Auditoría

Planificación de la Auditoría

La planificación de la auditoría es el proceso de establecer los objetivos, el alcance y la metodología que se utilizarán durante la auditoría. Su objetivo principal es asegurar que la auditoría se realice de manera eficiente, identificando las áreas de mayor riesgo y asignando los recursos adecuados.

Pasos Claves en la Planificación de la Auditoría:

1. **Definición de Objetivos:** Evaluar la efectividad de los controles de seguridad, cumplir con regulaciones específicas, identificar vulnerabilidades.
2. **Identificación de Recursos:** Determinar los recursos necesarios, incluyendo el equipo de auditoría, herramientas y tiempo. Es fundamental asegurarse de que el equipo tenga la experiencia y las habilidades adecuadas.
3. **Desarrollo del Cronograma:** Crear un cronograma detallado que incluya las fases de la auditoría, desde la preparación inicial hasta la entrega del informe final. Un cronograma bien definido ayuda a mantener el proyecto en marcha y dentro del plazo establecido.
4. **Comunicación con las Partes Interesadas:** Establecer una comunicación clara con las partes interesadas; esto incluye la dirección, el equipo de TI y otros departamentos relevantes. Es importante dar información sobre el propósito, el alcance y el cronograma de la auditoría.
5. **Revisión de Documentación Previa:** Analizar cualquier documentación relevante existente, como políticas de seguridad, informes de auditorías previas y resultados de pruebas de penetración. Esto ayuda a identificar áreas de enfoque y posibles puntos débiles.

Ejemplo de Cronograma de Auditoría de Ciberseguridad

Nombre del Proyecto: Auditoría de Ciberseguridad de la Empresa XYZ
Duración Total: 4 semanas

Semana 1: Fase de Planificación
Día 1: Reunión Inicial
- 09:00 - 10:00: Reunión de apertura con la alta dirección
- 10:00 - 12:00: Presentación del objetivo y alcance de la auditoría
- 13:00 - 15:00: Confirmación de roles y responsabilidades
- 15:00 - 17:00: Establecimiento de fechas para entrevistas y revisiones documentales

Día 2 - Día 4: Revisión de Documentos
- 09:00 - 12:00: Recopilación de políticas de seguridad, procedimientos y registros de capacitación
- 13:00 - 17:00: Revisión detallada de la documentación recopilada

Día 5: Planificación Detallada
- 09:00 - 12:00: Finalización del plan de auditoría
- 13:00 - 15:00: Comunicación del plan detallado al equipo de auditoría
- 15:00 - 17:00: Preparación para la fase de ejecución

Semana 2: Fase de Ejecución - Evaluación de Controles Técnicos
Día 1: Evaluación de *Firewalls* y Sistemas IDS/IPS
- 09:00 - 12:00: Revisión de la configuración de *firewalls*
- 13:00 - 17:00: Evaluación de sistemas de detección y prevención de intrusiones (IDS/IPS)

Día 2: Evaluación de Herramientas Antivirus/*Antimalware*
- 09:00 - 12:00: Revisión de la implementación y actualización de herramientas antivirus
- 13:00 - 17:00: Verificación de la efectividad del *antimalware*

Día 3: Gestión de Parches y Actualizaciones de *Software*
- 09:00 - 12:00: Evaluación del proceso de gestión de parches
- 13:00 - 17:00: Verificación de actualizaciones de *software* y aplicaciones críticas

Semana 3: Fase de Ejecución - Evaluación de Políticas y Procedimientos
Día 1: Evaluación de Políticas de Ciberseguridad
- 09:00 - 12:00: Revisión de la existencia y adecuación de políticas de seguridad
- 13:00 - 17:00: Evaluación de la implementación de políticas

Día 2: Evaluación de Procedimientos de Respuesta a Incidentes
- 09:00 - 12:00: Revisión de procedimientos documentados de respuesta a incidentes
- 13:00 - 17:00: Evaluación de registros de incidentes recientes

Día 3: Planes de Continuidad del Negocio y Recuperación ante Desastres
- 09:00 - 12:00: Revisión de planes de continuidad del negocio
- 13:00 - 17:00: Evaluación de planes de recuperación ante desastres

Día 4: Entrevistas con Personal Clave
- 09:00 - 12:00: Entrevista con el jefe de TI y responsables de ciberseguridad
- 13:00 - 17:00: Entrevistas con personal de operaciones y otros empleados relevantes

Día 5: Revisión de Capacitación en Ciberseguridad
- 09:00 - 12:00: Revisión de registros de capacitación y concienciación en ciberseguridad
- 13:00 - 17:00: Evaluación de la efectividad de los programas de capacitación

Semana 4: Fase de Informe y Presentación
Día 1 - Día 3: Redacción del Informe Preliminar
- 09:00 - 17:00: Documentación de hallazgos, conclusiones y recomendaciones

Día 4: Revisión del Informe
- 09:00 - 12:00: Revisión interna del informe preliminar por el equipo de auditoría
- 13:00 - 17:00: Incorporación de comentarios y ajustes finales

Día 5: Presentación del Informe y Reunión de Cierre
- 09:00 - 12:00: Discusión de hallazgos y recomendaciones
- 13:00 - 15:00: Acuerdo sobre el plan de acción y cronograma de seguimiento
- 15:00 - 17:00: Presentación del informe a la Alta Dirección/ Comité de Auditoría

Importancia de la Planificación:

La planificación adecuada de la auditoría es fundamental para el éxito del proceso. Una planificación detallada y bien organizada permite al equipo de auditoría abordar de manera efectiva los riesgos y desafíos, garantizando con ello una evaluación exhaustiva de la seguridad de la organización.

Definición del Alcance

Ahora exploraremos cómo definir el alcance de una auditoría de ciberseguridad, un paso esencial para asegurar que el proceso se centre en las áreas correctas.

El alcance de la auditoría define los límites y el enfoque de la auditoría, especificando qué sistemas, procesos y áreas serán revisados. Un alcance bien definido asegura que la auditoría sea manejable y que los recursos se utilicen de manera eficiente.

Elementos Clave para Definir el Alcance:

1. **Identificación de Activos Críticos:** Determinar qué activos de información son críticos para la organización, tales como bases de datos, servidores, aplicaciones y redes. Estos activos deben ser el foco principal de la auditoría.

2. **Revisión de Procesos y Políticas:** Incluir en el alcance la revisión de los procesos y políticas de seguridad de la información. Esto puede incluir políticas de acceso, gestión de cambios, procedimientos de respuesta a incidentes, entre otros.

3. **Evaluación de Controles de Seguridad:** Considerar los controles de seguridad implementados para proteger los activos críticos. Esto puede incluir controles técnicos, como *firewalls* y sistemas de detección de intrusiones, y controles administrativos, como la gestión de riesgos y la capacitación en seguridad.

4. **Cobertura Geográfica:** Determinar si la auditoría abarcará todas las ubicaciones de la organización o solo sitios específicos. Esto es especialmente importante para organizaciones con múltiples ubicaciones.

5. **Regulaciones y Cumplimiento:** Incluir en el alcance la revisión del cumplimiento con normativas y regulaciones relevantes, como

GDPR, PCI-DSS, o cualquier otra normativa aplicable a la industria de la organización.

6. **Exclusiones del Alcance:** Especificar claramente cualquier área o sistema que se excluya del alcance de la auditoría. Esto ayuda a evitar malentendidos y asegura que todas las partes estén de acuerdo con el enfoque de la auditoría.

Ejemplo - Alcance de una Auditoría de Ciberseguridad

Alcance de la Auditoría

La auditoría abarcará el período comprendido entre enero y diciembre de 2025, y cubrirá los siguientes elementos:

a. **Sistemas de Información:** Evaluación de servidores (físicos y virtuales), sistemas operativos y aplicaciones críticas.
b. **Redes y Comunicaciones:** Revisión de la configuración y seguridad de firewalls, routers, switches, redes inalámbricas, y sistemas de detección y prevención de intrusiones (IDS/IPS).
c. **Gestión de Identidades y Accesos (IAM):** Verificación de políticas de contraseñas, controles de acceso a sistemas y datos, y administración de cuentas y privilegios de usuarios.
d. **Protección de Datos:** Evaluación de cifrado de datos y procesos de copias de seguridad y recuperación de datos.
e. **Capacitación y Concienciación:** Revisión de programas de formación en ciberseguridad para empleados y evaluación de la efectividad de la capacitación.
f. **Políticas y Procedimientos:** Evaluación de políticas de ciberseguridad, procedimientos de respuesta a incidentes, planes de continuidad del negocio y recuperación ante desastres.

Definir el alcance de la auditoría es crucial para asegurar que la evaluación sea efectiva y eficiente. Un alcance bien definido permite al equipo de auditoría concentrarse en las áreas de mayor riesgo y relevancia, garantizando así una auditoría exhaustiva y significativa.

Ejemplo - Plan de Auditoría de Ciberseguridad

1. Introducción

Objetivo de la Auditoría: Evaluar la efectividad de los controles de ciberseguridad implementados en la organización XYZ para proteger la información crítica y los sistemas contra amenazas cibernéticas.

Alcance de la Auditoría: La auditoría cubrirá los sistemas de información, redes, servidores, aplicaciones críticas, políticas y procedimientos de ciberseguridad, así como la capacitación del personal en temas de seguridad.

2. Equipo de Auditoría:

- Jefe de Auditoría: Juan Pérez
- Auditor 1: María López
- Auditor 2: Carlos Gómez

3. Cronograma de Auditoría

Duración Total: 4 semanas
Fases de la Auditoría:
- **Fase de Planificación:**
  - Reunión inicial: Día 1
  - Revisión de documentos y políticas: Día 2 - Día 4
- **Fase de Ejecución:**
  - Evaluación de controles técnicos: Semana 2
  - Evaluación de políticas y procedimientos: Semana 3
  - Entrevistas y revisiones documentales: Semana 3
- **Fase de Informe:**
  - Redacción del informe preliminar: Semana 4
  - Presentación de hallazgos y recomendaciones: Final de Semana 4

4. Actividades de Auditoría

Fase de Planificación:
- **Reunión Inicial:**
  - Presentar el objetivo y el alcance de la auditoría.
  - Confirmar la disponibilidad del personal clave y definir los roles y responsabilidades.

- Establecer fechas para las entrevistas y revisiones documentales.
- **Revisión de Documentos:**
  - Recopilar y revisar políticas de seguridad, procedimientos de respuesta a incidentes, registros de capacitación y cualquier otra documentación relevante.

Fase de Ejecución:
- **Evaluación de Controles Técnicos:**
  - Revisar la configuración de *firewalls*, sistemas de detección y prevención de intrusiones (IDS/IPS), y herramientas antivirus/*antimalware*.
  - Evaluar la gestión de parches y actualizaciones de *software*.
- **Evaluación de Políticas y Procedimientos:**
  - Verificar la existencia y la implementación de políticas de ciberseguridad.
  - Evaluar la efectividad de los procedimientos de respuesta a incidentes.
  - Revisar los planes de continuidad del negocio y recuperación ante desastres.
- **Entrevistas y Revisiones Documentales:**
  - Entrevistar al personal clave, incluyendo responsables de TI y ciberseguridad, para evaluar su conocimiento y adherencia a las políticas de seguridad.
  - Revisar registros de incidentes de seguridad y auditorías previas.

Fase de Informe:
- **Redacción del Informe Preliminar:**
  - Documentar los hallazgos de la auditoría, destacando las áreas de cumplimiento y las deficiencias identificadas.
  - Proponer recomendaciones para mejorar la postura de ciberseguridad de la organización.
- **Presentación de Hallazgos y Recomendaciones:**
  - Presentar el informe preliminar a la alta dirección y al equipo de TI.
  - Discutir los hallazgos y las recomendaciones, y acordar un plan de acción para abordar las deficiencias identificadas.

5. Métodos Utilizados

- o Revisión documental.
- o Entrevistas con personal clave.
- o Pruebas técnicas y análisis de configuraciones.

6. Criterios de Evaluación

- Cumplimiento con estándares y marcos de ciberseguridad relevantes (por ejemplo, NIST, ISO/IEC 27001).
- Efectividad de los controles de seguridad implementados.
- Adecuación de las políticas y procedimientos de seguridad.
- Nivel de concienciación y capacitación del personal en temas de ciberseguridad.

7. Seguimiento y Verificación

- **Seguimiento:**
  - o Establecer un cronograma de seguimiento para verificar la implementación de las recomendaciones.
  - o Realizar auditorías de seguimiento para evaluar la efectividad de las acciones correctivas.
- **Verificación:**
  - o Revisar la evidencia de la implementación de las recomendaciones.
  - o Evaluar la mejora en la postura de ciberseguridad de la organización.

Ejemplo 2- Plan de Auditoría de Ciberseguridad Sobre Controles de Acceso Lógico

1. Introducción

1.1. Antecedentes: El objetivo de esta auditoría es evaluar la efectividad de los controles de acceso lógico implementados en la organización para proteger los sistemas y la información sensible contra accesos no autorizados. La auditoría se realizará en línea con las mejores prácticas de ciberseguridad y normativas aplicables.

1.2. Objetivo General: Evaluar la adecuación y efectividad de los controles de acceso lógico, asegurando que los sistemas de información están protegidos contra accesos no autorizados y que las políticas y procedimientos relacionados son apropiados y están correctamente implementados.

1.3. Alcance: La auditoría abarcará todos los sistemas críticos, aplicaciones, bases de datos y redes dentro de la organización que requieran controles de acceso lógico. Se incluirán en la revisión los procedimientos de gestión de usuarios, autenticación, autorización y monitoreo de accesos.

2. Metodología

2.1. Revisión de Documentación
- Políticas de control de acceso.
- Procedimientos de gestión de identidades y accesos (IAM).
- Registros de auditoría de accesos.
- Configuraciones de sistemas de autenticación.
- Informes de incidentes de seguridad relacionados con accesos no autorizados.

2.2. Entrevistas
- Personal del área de TI y Seguridad Informática.
- Responsables de la gestión de identidades y accesos.
- Usuarios con accesos privilegiados.

2.3. Pruebas y Verificaciones
- Pruebas de acceso lógico en sistemas críticos.
- Evaluación de la efectividad de los controles de autenticación multifactor (MFA).
- Verificación de la correcta implementación de los roles y permisos en las aplicaciones.
- Revisión de los procedimientos de creación, modificación y eliminación de cuentas de usuario.

3. Componentes del Control de Acceso Lógico a Auditar

3.1. Identificación y Autenticación
- Evaluar si todos los usuarios tienen identificadores únicos.
- Verificar la implementación de métodos de autenticación fuertes, como MFA.
- Revisar los procedimientos para la gestión de contraseñas (políticas de longitud, complejidad y caducidad).

3.2. Gestión de Accesos
- Verificar que los accesos a sistemas y datos estén basados en el principio de mínimo privilegio.
- Evaluar la asignación y revisión de roles y permisos.
- Revisar los procedimientos para la eliminación de accesos de empleados que ya no están en la organización o que han cambiado de función.

3.3. Monitoreo y Registro de Accesos
- Revisar los registros de acceso y eventos de seguridad para detectar posibles accesos no autorizados.
- Verificar la implementación de herramientas de monitoreo continuo (como SIEM) para la detección de actividades sospechosas.
- Evaluar los procedimientos para la revisión regular de los *logs* de acceso y la respuesta a incidentes.

3.4. Protección de Accesos Remotos
- Verificar la seguridad de los accesos remotos, incluyendo la implementación de VPNs y MFA.
- Revisar las configuraciones de acceso para usuarios remotos, asegurando que están adecuadamente controlados y monitoreados.

4. Cronograma

Actividad	Responsable	Fecha de Inicio	Fecha de Finalización
Revisión de Documentación	Auditor Principal	01/09/2025	03/09/2025
Entrevistas con Personal Clave	Auditor Principal/Asistente	04/09/2025	05/09/2025

Pruebas y Verificaciones de Controles	Auditor Principal/Asistente	06/09/2025	10/09/2025
Análisis de Resultados y Redacción del Informe	Auditor Principal	11/09/2025	15/09/2025
Presentación de Resultados	Auditor Principal	16/09/2025	16/09/2025

5. Recursos Necesarios

- Acceso a la documentación de políticas y procedimientos de acceso.
- Acceso a los sistemas de información y herramientas de gestión de accesos.
- Colaboración del personal de TI y Seguridad Informática.

6. Criterios de Evaluación

La auditoría evaluará el cumplimiento con:
- Normativas internas de la organización sobre controles de acceso.
- Normativas y estándares internacionales de ciberseguridad (ISO 27001, NIST, etc.).
- Mejores prácticas de la industria para la gestión de accesos.

7. Resultados Esperados

- Identificación de debilidades o brechas en los controles de acceso lógico.
- Recomendaciones para mejorar la seguridad de los sistemas y procedimientos de acceso.
- Un informe detallado de los hallazgos y sugerencias para la implementación de mejores prácticas.

8. Aprobación

Este plan de auditoría ha sido revisado y aprobado por los siguientes:

Nombre y Cargo	Firma	Fecha
[Nombre del Auditor]		[Fecha]
[Nombre del Responsable]		[Fecha]

Estos ejemplos de planificación de auditoría proporcionan un modelo estructurado que pueden utilizar como referencia para sus propias auditorías de ciberseguridad.

Técnicas de obtención de evidencias

Ahora veremos las diferentes técnicas de auditoría que se pueden utilizar para obtener evidencias y evaluar la ciberseguridad de una organización.

Técnicas de Auditoría:

1. **Entrevistas:** Las entrevistas con el personal son una técnica esencial para entender cómo se implementan y se utilizan los controles de seguridad. Durante las entrevistas, los auditores pueden obtener información sobre las políticas, procedimientos y prácticas diarias. Es importante preparar preguntas específicas y relevantes para obtener la información necesaria.
2. **Revisiones Documentales:** La revisión de documentos es otra técnica crucial. Implica el análisis de políticas, procedimientos, registros de incidentes, informes de auditorías previas, y cualquier otra documentación relevante. Esto ayuda a verificar si los controles documentados están en línea con las mejores prácticas y regulaciones.
3. **Pruebas Técnicas:** Las pruebas técnicas son fundamentales para evaluar la efectividad de los controles de seguridad. Estas incluyen:
   o **Pruebas de penetración:** Que consisten en simular ataques para identificar vulnerabilidades explotables.
   o **Análisis de vulnerabilidades:** Se refiere a usar herramientas para escanear sistemas en busca de fallos de seguridad.
   o **Revisiones de configuración:** Que consiste en verificar que los sistemas están configurados según las mejores prácticas de seguridad.
4. **Observación Directa:** Se refiere a observar directamente las operaciones y prácticas de seguridad en el entorno de trabajo. Esto puede incluir la observación de procedimientos de acceso físico a instalaciones, la forma en que se manejan los datos sensibles y cómo se aplican las políticas de seguridad diarias.
5. **Análisis de *Logs*:** Revisión de *logs* de sistemas y aplicaciones para identificar actividades sospechosas o anómalas. Los *logs* pueden

proporcionar información valiosa sobre intentos de acceso no autorizado, errores de configuración y otros incidentes de seguridad.

Usar una combinación de técnicas de auditoría permite obtener una visión completa y precisa del estado de ciberseguridad de la organización. Cada técnica aporta una perspectiva diferente y complementa a las demás, asegurando que se identifican y evalúan todas las áreas críticas.

Herramientas de Auditoría

Ahora exploraremos las herramientas de auditoría que pueden facilitar y mejorar el proceso de nuestra auditoría de ciberseguridad.

Las herramientas de auditoría son esenciales para realizar evaluaciones de ciberseguridad de manera eficiente y precisa. Ayudan a automatizar tareas, analizar grandes volúmenes de datos y proporcionar información detallada sobre el estado de los sistemas de seguridad.

Tipos de Herramientas de Auditoría:

1. **Herramientas de Análisis de Vulnerabilidades:** Estas herramientas escanean sistemas y redes en busca de vulnerabilidades conocidas. Algunas de las herramientas más populares incluyen sistemas como:
   - **Nessus:** Tiene una amplia capacidad de escaneo de vulnerabilidades y es fácil de usar. *Página oficial: https://es-la. tenable.com/products/nessus*

   - **OpenVAS:** Es una herramienta de código abierto con capacidades de escaneo completas. *Página oficial: https:// www.openvas.org/*

o **QualysGuard:** Esta es una solución basada en la nube que ofrece escaneos regulares y detallados. *Página oficial: https://www.qualys.com/qualysguard*

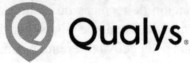

2. **Herramientas de Pruebas de Penetración:** Son usadas para simular ataques y descubrir vulnerabilidades explotables. Veamos algunas de las herramientas más populares:

   o **Metasploit:** Es una herramienta para realizar pruebas de penetración que permite la creación y ejecución de *exploits*. Un *exploit* es un *software* o secuencia de comandos que aprovecha un error o vulnerabilidad para provocar un comportamiento involuntario o imprevisto. *Página oficial: https://www.metasploit.com/*

   o **Burp Suite:** Esta es una herramienta especializada para pruebas de seguridad de aplicaciones web. *Página oficial: https://portswigger.net/burp*

   o **Kali Linux:** Es un sistema operativo de la distribución de Linux con una amplia gama de herramientas de pruebas de penetración. *Página oficial*: https://www.kali.org/

3. **Herramientas de Gestión de Logs y SIEM:** Las herramientas de gestión de *logs* y SIEM (*Security Information and Event Manage-*

ment) ayudan a recolectar, analizar y correlacionar datos de *logs* de múltiples fuentes. Algunas herramientas destacadas incluyen las siguientes:

○ **Splunk:** Plataforma de análisis de datos que facilita la búsqueda y monitoreo de logs. *Página oficial: https://www. splunk.com/*

○ **ArcSight:** Solución de SIEM que ofrece capacidades avanzadas de análisis y correlación de eventos. *Página oficial: https://www.opentext.com/es-es/productos/arcsight-enterprise-security-manager*

○ **ELK Stack (Elasticsearch, Logstash, Kibana):** Conjunto de herramientas de código abierto para la gestión y análisis de *logs. Página oficial: https://www.elastic.co/es/ elastic-stack*

4. **Herramientas de Análisis de Configuración:** Estas herramientas verifican la configuración de sistemas y aplicaciones para asegurar que cumplen con las mejores prácticas de seguridad. Ejemplos incluyen:

○ **CIS-CAT:** Herramienta del *Center for Internet Security* para evaluar la configuración de seguridad. *Página oficial:* https://www.cisecurity.org/cybersecurity-tools/cis-cat-pro

- ◦ **SCAP Workbench:** Herramienta de análisis de configuración basada en el protocolo SCAP. *Página oficial:* https://www.open-scap.org/tools/scap-workbench/

5. **Herramientas de Gestión de Auditorías:** Estas herramientas ayudan a gestionar todo el proceso de auditoría, desde la planificación hasta la presentación de informes. Algunas de las herramientas más utilizadas son:

- ◦ **Teammate**: solución integral para la gestión de auditorías internas. Teammate es un software diseñado para ayudar a los auditores internos a gestionar todo el proceso de auditoría, desde la planificación y ejecución hasta la presentación de informes y el seguimiento. Proporciona funcionalidades para documentar, evaluar riesgos, realizar pruebas de control y generar informes de auditoría. Más información disponible en su sitio web oficial: https://www.wolterskluwer.com/es/solutions/teammate

- ◦ **Galvanize**: anteriormente conocido como ACL, es una plataforma de gestión de riesgos y auditorías que ayuda a las organizaciones a automatizar y optimizar sus procesos de auditoría, cumplimiento y gestión de riesgos. Ofrece herramientas para la recopilación de datos, análisis, generación de informes y seguimiento de acciones correctivas. Más información disponible en su sitio web oficial: https://www.wegalvanize.com/

- ◦ **CaseWare**: es un conjunto de herramientas de auditoría y contabilidad que proporciona soluciones para la preparación de informes financieros, auditorías, revisiones y compilaciones. Su software permite a los profesionales gestionar y automatizar sus flujos de trabajo de auditoría, realizar análisis de datos y cumplir con las normativas. Más información disponible en su sitio web oficial: https://www.caseware.com/

- ○ **TeamMate**: es una suite de software de Wolters Kluwer diseñada para la gestión de auditorías internas. Ofrece módulos para la gestión de riesgos, la documentación de auditorías, la gestión de informes y la colaboración del equipo. Facilita la mejora de la eficiencia y efectividad del proceso de auditoría. Más información disponible en su sitio web oficial: https://www.wolterskluwer.com/es/solutions/teammate

- ○ **ISOTools**: es una plataforma que ayuda a las organizaciones a implementar y gestionar sistemas de gestión basados en normas ISO y otros estándares internacionales. Proporciona herramientas para la gestión de auditorías internas, evaluaciones de conformidad y seguimiento de acciones correctivas y preventivas. Su objetivo es mejorar la eficiencia y la calidad de los procesos de gestión. Más información disponible en su sitio web oficial: https://www.isotools.org/

Beneficios del Uso de Herramientas de Auditoría:

El uso de herramientas de auditoría proporciona numerosos beneficios.

- • **Eficiencia:** Automatización de tareas repetitivas y análisis de grandes volúmenes de datos.
- • **Precisión:** Reducción de errores humanos y mejora de la exactitud de los resultados.
- • **Profundidad:** Capacidad de realizar análisis detallados y exhaustivos.
- • **Documentación:** Generación automática de informes y documentación de hallazgos.

Las herramientas de auditoría son esenciales para realizar evaluaciones de ciberseguridad de manera eficiente. Usar una combinación de estas herramientas puede mejorar significativamente el proceso de auditoría y los resultados obtenidos.

Identificación y Evaluación de Riesgos

¿Cómo identificar y evaluar los riesgos en el contexto de una auditoría de ciberseguridad?

La identificación y evaluación de riesgos es el proceso de descubrir y analizar posibles amenazas y vulnerabilidades que podrían afectar a los activos de información de la organización. El objetivo es priorizar los riesgos y determinar las acciones necesarias para mitigarlos.

Pasos para la Identificación y Evaluación de Riesgos:

Para dicha tarea debemos realizar los siguientes pasos:

1. **Identificación de Activos:** Listar todos los activos de información que serán evaluados. Esto incluye *hardware*, *software*, datos y personas.
2. **Identificación de Amenazas:** Determinar qué amenazas podrían afectar a cada activo. Las amenazas pueden ser internas, como empleados descontentos, o externas, como *hackers* o desastres naturales.
3. **Identificación de Vulnerabilidades:** Evaluar las debilidades o fallos en los sistemas y procesos que podrían ser explotados por las amenazas identificadas. Las vulnerabilidades pueden ser técnicas, como fallos de *software*, o no técnicas, como falta de capacitación sobre seguridad.
4. **Evaluación del Impacto:** Determinar el impacto potencial de cada riesgo. Esto puede incluir pérdidas financieras, daño a la reputación o interrupciones operativas.
5. **Evaluación de la Probabilidad:** Evaluar la probabilidad de que cada riesgo ocurra. La probabilidad puede basarse en la frecuencia histórica de incidentes similares y la efectividad de los controles existentes.
6. **Clasificación de Riesgos:** Clasificar los riesgos en función de su probabilidad e impacto. Esto ayuda a priorizar los riesgos más críticos y enfocar los esfuerzos de mitigación.

Métodos y Herramientas para la Evaluación de Riesgos:

Análisis cualitativo: Consiste en evaluar los riesgos basándose en juicios y experiencias, usando escalas descriptivas como alto, medio y bajo.

- **Análisis cuantitativo:** Consiste en usar datos numéricos y modelos matemáticos para calcular el impacto financiero y la probabilidad de los riesgos.
- **Análisis semicuantitativo:** Este utiliza una combinación de ambos métodos anteriores para calcular el impacto financiero y la probabilidad de los riesgos de forma más resumida.

- **Matriz de riesgo:** Es una herramienta visual que ayuda a mapear los riesgos en función de su impacto y probabilidad, facilitando la priorización.

Ejemplo - Identificación y Evaluación de Riesgos para una Auditoría de Ciberseguridad

1. Introducción

La identificación y evaluación de riesgos es un paso crítico en cualquier auditoría de ciberseguridad. Este proceso implica identificar posibles amenazas y vulnerabilidades, evaluando su probabilidad e impacto para determinar los riesgos que enfrenta la organización.

2. Metodología Utilizada

Para este ejemplo, utilizaremos una matriz de riesgo cualitativa que clasifica los riesgos en función de su probabilidad e impacto.

3. Proceso de Identificación de Riesgos

a. Identificación de Activos. Primero, identificamos los activos críticos de la organización:
- Servidores de bases de datos
- Sistemas ERP (Sistema de Planificación de Recursos Empresariales)
- Redes y dispositivos de comunicación
- Información confidencial de clientes
- Aplicaciones web

b. Identificación de Amenazas. Luego, identificamos las amenazas relevantes para estos activos:
- *Malware* y virus
- Ataques de *phishing*
- Robo de datos
- Acceso no autorizado
- Interrupciones del servicio

c. Identificación de Vulnerabilidades. Identificamos las vulnerabilidades que podrían ser explotadas por estas amenazas:
- Configuraciones de seguridad incorrectas

- Falta de parches y actualizaciones
- Contraseñas débiles
- Falta de concienciación en ciberseguridad

4. Análisis de Riesgos

Posteriormente utilizamos una matriz de riesgo para evaluar la probabilidad e impacto de cada combinación de amenaza y vulnerabilidad:

Amenaza y Vulnerabilidad	Probabilidad	Descripción de la Probabilidad	Impacto	Descripción del Impacto
Malware y Falta de Parches y Actualizaciones	Alta	Es común que los sistemas no se actualicen regularmente	Alta	La infección de *malware* puede resultar en pérdida de datos y tiempo de inactividad
Phishing y Falta de Formación en Ciberseguridad	Media	Los ataques de *phishing* son frecuentes, pero la formación puede reducir su efectividad	Alta	Un ataque exitoso puede resultar en compromisos significativos de seguridad
Robo de Datos y Contraseñas Débiles	Alta	Los atacantes suelen explotar contraseñas débiles	Alto	El robo de datos sensibles puede tener consecuencias legales y financieras graves
Acceso No Autorizado y Configuraciones Incorrectas	Media	Configuraciones incorrectas son comunes, pero detectables	Alta	El acceso no autorizado puede resultar en alteración o robo de datos
Interrupciones del Servicio y Falta de Redundancia	Baja	Menos probable si hay algunas medidas de redundancia	Media	Las interrupciones pueden afectar operaciones, pero con impacto limitado

Ahora podemos plantear nuestra matriz, describiendo el riesgo en conjunto con la amenaza, vulnerabilidad, probabilidad e impacto, como podemos ver a continuación:

Riesgo	Amenaza	Vulnerabilidad	Probabilidad	Impacto
Infección por *malware* debido a sistemas no actualizados, resultando en pérdida de datos y tiempo de inactividad.	*Malware*	Falta de parches y actualizaciones	Alta	Alta
Compromisos de seguridad debido a empleados que caen en ataques de *phishing*.	*Phishing*	Falta de formación en ciberseguridad	Media	Alta
Robo de datos sensibles debido a contraseñas fáciles de adivinar o crackear.	Robo de datos	Contraseñas débiles	Alta	Alto
Acceso no autorizado a sistemas críticos debido a configuraciones de seguridad incorrectas.	Acceso no autorizado	Configuraciones incorrectas	Media	Alta
Interrupciones del servicio debido a la falta de sistemas de respaldo o redundancia.	Interrupciones del servicio	Falta de redundancia	Baja	Media

Ahora, para determinar el nivel de riesgo resultante de la probabilidad y el impacto, vamos a utilizar la siguiente matriz estándar:

NIVEL DE RIESGO				
	ALTO	Medio	Alto	Alto
PROBABILIDAD	**MEDIO**	Bajo	Medio	Alto
	BAJO	Bajo	Bajo	Medio
		BAJO	**MEDIO**	**ALTO**
		IMPACTO		

El nivel de riesgo será el resultado del cruce del valor de la probabilidad (filas de la matriz) y el impacto (columnas de la matriz). Nuestra evaluación cualitativa quedaría de esta forma:

Riesgo	Amenaza	Vulnerabilidad	Probabilidad	Impacto	Nivel de Riesgo
Infección por *malware* debido a sistemas no actualizados, resultando en pérdida de datos y tiempo de inactividad.	*Malware*	Falta de parches y actualizaciones	Alta	Alta	Alto
Compromisos de seguridad debido a empleados que caen en ataques de *phishing*.	*Phishing*	Falta de formación en ciberseguridad	Media	Alta	Alto
Robo de datos sensibles debido a contraseñas fáciles de adivinar o crackear.	Robo de datos	Contraseñas débiles	Alta	Alto	Alto
Acceso no autorizado a sistemas críticos debido a configuraciones de seguridad incorrectas.	Acceso no autorizado	Configuraciones incorrectas	Media	Alta	Alto
Interrupciones del servicio debido a la falta de sistemas de respaldo o redundancia.	Interrupciones del servicio	Falta de redundancia	Baja	Media	Bajo

5. Mitigación de Riesgos

Con base en esta evaluación de riesgos realizada, se proponen las siguientes acciones de revisión o puntos de enfoque para nuestra auditoría:

Para el riesgo de Infección por malware debido a sistemas no actualizados, podemos revisar el proceso de gestión de parches y validar que garantice la actualización regular de todos los sistemas.

Para el riesgo de Compromisos de seguridad debido a empleados que caen en ataques de phishing, podemos revisar las actividades de formación y concienciación en ciberseguridad para los empleados.

Para Robo de datos sensibles debido a contraseñas fáciles de adivinar o crackear, revisaremos la implementación de políticas de contraseñas fuertes y multifactor autenticación (MFA).

Así mismo para Acceso no autorizado a sistemas críticos debido a configuraciones de seguridad incorrectas, realizaremos auditorías periódicas de configuraciones de seguridad basadas en mejores prácticas.

Y, por último, para Interrupciones del servicio debido a la falta de sistemas de respaldo o redundancia, revisaremos el desarrollo e implementación de planes de redundancia y recuperación ante desastres.

Esto podemos plantearlo de la siguiente forma:

Riesgo	Probabilidad	Impacto	Nivel de Riesgo	Acciones de revisión
Infección por *malware* debido a sistemas no actualizados, resultando en pérdida de datos y tiempo de inactividad.	Alta	Alta	Alto	Revisar el proceso de gestión de parches y validar que garantice la actualización regular de todos los sistemas.
Compromisos de seguridad debido a empleados que caen en ataques de *phishing*.	Media	Alta	Alto	Revisar las actividades de formación y concienciación en ciberseguridad para los empleados.
Robo de datos sensibles debido a contraseñas fáciles de adivinar o crackear.	Alta	Alto	Alto	Revisar la implementación de políticas de contraseñas fuertes y multifactor autenticación (MFA).
Acceso no autorizado a sistemas críticos debido a configuraciones de seguridad incorrectas.	Media	Alta	Alto	Realizar auditorías periódicas de configuraciones de seguridad basadas en mejores prácticas.
Interrupciones del servicio debido a la falta de sistemas de respaldo o redundancia.	Baja	Media	Bajo	Revisar el desarrollo e implementación de planes de redundancia y recuperación ante desastres.

Con estas medida o actividades de auditoría podemos validar que se están mitigando razonablemente los riesgos más relevantes identificados en nuestra evaluación.

6. Conclusión

Este ejemplo de identificación y evaluación de riesgos proporciona una referencia clara y estructurada para comprender cómo realizar este proceso crucial en una auditoría de ciberseguridad.

Identificar y evaluar los riesgos es esencial para enfocar los esfuerzos de auditoría en las áreas que representan las mayores amenazas para la organización. Este proceso permite tomar decisiones informadas sobre la asignación de recursos y la implementación de controles de seguridad.

Capítulo 5: Políticas y Procedimientos

Política de Seguridad de la Información

Una política de seguridad de la información establece los principios y directrices para proteger la información de una organización contra amenazas internas y externas. Su objetivo es asegurar la integridad, confidencialidad y disponibilidad de la información.

Según la norma ISO/IEC 27001, el documento de política de seguridad de la información debe contener los siguientes elementos clave:

1. **Objetivo y alcance**: Debe establecer el propósito de la política y su aplicación dentro de la organización. Es importante definir claramente qué aspectos y activos de la información abarca la política.

2. **Política de seguridad de la información**: Debe incluir una declaración de intenciones en relación con la seguridad de la información en la organización, estableciendo el compromiso de la dirección con la protección de la información.

3. **Responsabilidades en seguridad de la información**: Especifica las responsabilidades y roles de todas las partes interesadas en la gestión de la seguridad de la información, desde la alta dirección hasta los empleados operativos.

4. **Análisis de riesgos y gestión de riesgos**: Debe incluir una referencia al proceso de análisis y evaluación de riesgos, así como la gestión de esos riesgos mediante controles adecuados.

5. **Selección de controles de seguridad**: Debe establecer criterios para la selección y aplicación de controles de seguridad de la información que sean apropiados para mitigar los riesgos identificados.

6. **Cumplimiento legal y contractual**: Debe abordar los requisitos legales y regulatorios pertinentes, así como los compromisos con-

tractuales relacionados con la seguridad de la información que la organización debe cumplir.

7. **Gestión de incidentes de seguridad de la información**: Debe definir los procedimientos para la detección, reporte, respuesta y recuperación frente a incidentes de seguridad de la información.

8. **Revisión y mejora continua**: Debe establecer procesos para la revisión periódica de la política, así como para la mejora continua del sistema de gestión de seguridad de la información.

9. **Formación, concienciación y competencia**: Debe abordar la necesidad de formación, concienciación y competencia en seguridad de la información para todos los empleados, asegurando que estén capacitados para cumplir con las políticas y procedimientos establecidos.

10. **Documentación y control de documentos**: Debe incluir requisitos para la creación, actualización, aprobación, distribución, acceso, recuperación y disposición de la documentación relacionada con la seguridad de la información.

11. **Monitoreo y medición del desempeño**: Debe especificar cómo se monitorea y mide el desempeño del sistema de gestión de seguridad de la información para garantizar su eficacia y mejora continua.

12. **Auditoría interna**: Debe establecer requisitos para la realización de auditorías internas regulares para evaluar el cumplimiento de la política y el sistema de gestión de seguridad de la información en general.

Integrando estos elementos, el documento de política de seguridad de la información, conforme a la ISO/IEC 27001, proporciona un marco completo y estructurado para gestionar y proteger los activos de información de una organización de manera efectiva y acorde a estándares internacionales reconocidos.

Auditoría de la Política de Seguridad de la Información.

Ahora veamos un *checklist* con elementos que debemos validar cuando estemos realizando nuestra auditoría, específicamente durante la evaluación de la Política de Seguridad de la Información de la institución.

1. Documentación y Accesibilidad
    - ☐ ¿La política de seguridad de la información está documentada y accesible?
      Verificar que la política esté formalmente documentada y sea accesible para todos los empleados.

2. Cobertura Completa
    - ☐ ¿La política cubre todos los aspectos críticos de la seguridad de la información?
      Asegurarse de que la política abarque áreas como la gestión de accesos, la protección de datos, la gestión de incidentes, entre otros aspectos fundamentales de la seguridad de la información.
    - ☐ ¿Incluye todos los elementos recomendados por la ISO27001?
      Asegurarse de que la política incluya los siguientes elementos:
        o *Objetivo y alcance*
        o *Declaración de intenciones*
        o *Responsabilidades en seguridad de la información*
        o *Análisis de riesgos y gestión de riesgos*
        o *Selección de controles de seguridad*
        o *Cumplimiento legal y contractual*
        o *Gestión de incidentes de seguridad de la información*
        o *Revisión y mejora continua*
        o *Formación, concienciación y competencia*
        o *Documentación y control de documentos*
        o *Monitoreo y medición del desempeño*
        o *Auditoría interna*

3. Actualización y Revisión
    - ☐ ¿Se revisa y actualiza la política de seguridad de la información regularmente?

Confirmar que la política se mantenga actualizada para adaptarse a los cambios en el entorno de amenazas y tecnológico.

4. Cumplimiento y Concienciación

☐ ¿Todos los empleados conocen y cumplen la política de seguridad de la información?
Evaluar si la política se comunica de manera efectiva a todos los niveles de la organización y si los empleados comprenden y aplican sus principios.

5. Responsabilidades y Auditoría

☐ ¿Se definen claramente las responsabilidades en relación con la seguridad de la información?
Verificar que se establezcan roles y responsabilidades claras para la implementación y cumplimiento de la política.

☐ ¿Se realizan auditorías periódicas para evaluar el cumplimiento de la política?
Confirmar que se lleven a cabo auditorías regularmente para verificar el cumplimiento de la política de seguridad de la información.

6. Implementación y Ejecución

☐ ¿Se implementan medidas de seguridad adecuadas basadas en la política?
Asegurarse de que las medidas técnicas y organizativas recomendadas por la política se implementen de manera efectiva.

7. Capacitación y Concienciación

☐ ¿Se proporciona capacitación regular sobre seguridad de la información a los empleados?
Evaluar si se ofrecen programas de formación que apoyen la implementación de la política y aumenten la conciencia sobre seguridad.

8. Monitoreo y Mejora Continua
- ☐ ¿Se monitorea y mejora continuamente la efectividad de la política de seguridad de la información?
  Verificar que se establezcan procesos para monitorear el cumplimiento de la política y que se implementen mejoras según sea necesario.

Conclusión

Una política de seguridad de la información robusta y bien implementada es esencial para proteger los activos críticos de una organización contra amenazas cada vez más sofisticadas. Hemos explorado los aspectos clave para evaluar y mejorar estas políticas.

Procedimientos de Respuesta a Incidentes

Los procedimientos de respuesta a incidentes son planes que establecen cómo la organización debe reaccionar ante un evento de seguridad. Su objetivo es minimizar el impacto de los incidentes y restaurar las operaciones normales lo más rápido posible.

Un procedimiento de respuesta a incidentes es esencial para gestionar eficazmente los incidentes de ciberseguridad. A continuación, se detallan los elementos clave que debe incluir:

1. Introducción y Objetivos

- Propósito: Explicación de por qué se ha creado el PRI y qué se espera lograr.
- Alcance: Descripción de los sistemas, datos y procesos que cubre el PRI.
- Definiciones: Términos y conceptos clave utilizados en el documento.

2. Equipo de Respuesta a Incidentes

- Composición del Equipo: Miembros del equipo y sus roles.
- Responsabilidades: Tareas y responsabilidades de cada miembro.
- Contactos de Emergencia: Información de contacto de los miembros del equipo y otros contactos críticos (ej., proveedores, autoridades).

3. Clasificación y Prioridad de Incidentes

- Categorías de Incidentes: Tipos de incidentes (ej., *malware*, acceso no autorizado, pérdida de datos).
- Nivel de Severidad: Clasificación de la gravedad de los incidentes (ej., bajo, medio, alto, crítico).

4. Detección y Análisis de Incidentes

- Monitoreo y Detección: Herramientas y métodos para detectar incidentes.
- Notificación de Incidentes: Procedimientos para informar sobre incidentes detectados.
- Análisis Inicial: Evaluación preliminar para determinar el alcance y el impacto del incidente.

5. Contención, Erradicación y Recuperación

- Contención: Estrategias para limitar el impacto del incidente (ej., aislar sistemas afectados).
- Erradicación: Pasos para eliminar la causa del incidente (ej., eliminar *malware*, cerrar vulnerabilidades).
- Recuperación: Procedimientos para restaurar sistemas y datos a su estado normal (ej., restaurar *backups*, aplicar parches de seguridad).

6. Comunicación Durante el Incidente

- Protocolo de Comunicación: Procedimientos para la comunicación interna y externa durante un incidente.
- Informes de Estado: Frecuencia y contenido de los informes de estado durante la gestión del incidente.

7. Reporte y Documentación de Incidentes

- Documentación del Incidente: Registro detallado de todos los pasos tomados durante el incidente.
- Lecciones Aprendidas: Análisis postincidente para identificar mejoras y prevenir futuros incidentes.
- Informes Finales: Resumen del incidente, incluyendo causas, impactos, acciones tomadas y recomendaciones.

8. Entrenamiento y Simulacros

- Programas de Capacitación: Formación continua para el equipo de respuesta a incidentes y otros empleados.
- Ejercicios de Simulación: Simulacros regulares para probar y mejorar la efectividad del PRI.

9. Revisión y Mejora Continua

- Auditorías y Revisiones: Evaluaciones periódicas del PRI para asegurar su efectividad.
- Actualizaciones: Procedimientos para actualizar el documento en respuesta a nuevas amenazas, cambios en el entorno de TI y resultados de simulacros y auditorías.

10. Anexos

- Formularios y Plantillas: Ejemplos de formularios de notificación de incidentes, plantillas de informes, etc.
- Contactos Críticos: Lista de contactos de emergencia actualizados.
- Recursos Adicionales: Enlaces a recursos adicionales, como guías de mejores prácticas y normativa relevante.

Incluir estos elementos en un Procedimiento de Respuesta a Incidentes asegura que la organización esté bien preparada para gestionar incidentes de ciberseguridad de manera efectiva.

Auditoría del Procedimientos de Respuesta a Incidentes

En nuestra revisión de auditoría del procedimiento de respuesta a incidentes, debemos de revisar los elementos siguientes:

1. Documentación y Accesibilidad
   - ☐ ¿Los procedimientos de respuesta a incidentes están documentados y accesibles?
     Verificar que los procedimientos estén formalmente documentados y disponibles para el personal relevante.

2. Claridad y Detalle
   - ☐ ¿Los procedimientos son claros y detallados?
     Confirmar que los pasos a seguir durante un incidente están claramente definidos y son fáciles de entender.

3. Roles y Responsabilidades

☐ ¿Están claramente definidos los roles y responsabilidades durante un incidente?
Evaluar si cada miembro del equipo de respuesta a incidentes sabe qué se espera de él.

4. Comunicación y Coordinación

☐ ¿Existe un plan de comunicación durante un incidente?
Verificar que haya procedimientos para comunicar rápidamente la información durante un incidente.

5. Pruebas y Simulaciones

☐ ¿Se realizan pruebas y simulaciones regulares de los procedimientos de respuesta a incidentes?
Confirmar que se realicen ejercicios para probar la efectividad de los procedimientos.

Evaluar y mantener procedimientos efectivos de respuesta a incidentes es esencial para la resiliencia de la organización ante ciberataques.

Planes de Continuidad del Negocio y Recuperación ante Desastres

En noviembre de 2014, Sony Pictures Entertainment fue víctima de uno de los ciberataques más devastadores y publicitados de la historia. Un grupo de *hackers* conocido como Guardians of Peace logró infiltrarse en los sistemas de la compañía, dejando un rastro de caos y destrucción a su paso.

Una mañana, los empleados de Sony Pictures se encontraron con que sus computadoras estaban inutilizables, mostrando una imagen amenazante y un mensaje de los atacantes. Los *hackers* habían robado enormes cantidades de datos confidenciales, incluyendo correos electrónicos, información personal de empleados y películas inéditas. Además, habían destruido gran parte de la infraestructura digital de la empresa.

Para Sony Pictures la falta de un Plan de Recuperación ante Desastres (DRP) y un Plan de Continuidad del Negocio (BCP) bien preparados amplificó las consecuencias del ataque. Durante semanas no pudo operar con normalidad. La producción y distribución de contenido se detuvieron, y las comunicaciones internas estaban paralizadas.

La exposición de correos electrónicos internos causó un daño significativo a la reputación de la empresa, pues se reveló información sensible y conversaciones privadas. La compañía enfrentó enormes costos financieros para investigar el ataque, restaurar los sistemas y mejorar su ciberseguridad.

Lecciones Aprendidas:

Después de enfrentar esta crisis, Sony Pictures reconoció la necesidad crítica de tener un Plan de Recuperación ante Desastres (DRP) y un Plan de Continuidad del Negocio (BCP) robustos y actualizados.

Sony desarrolló un DRP detallado para asegurar que los sistemas y datos pudieran ser recuperados rápidamente en caso de futuros incidentes y creó un BCP que garantizaba la continuidad de las operaciones esenciales, incluso durante incidentes graves. El ataque a Sony Pictures sirvió como una llamada de atención no solo para la empresa, sino también para toda la industria.

Los planes de continuidad del negocio (BCP) y recuperación ante desastres (DRP) son estrategias que permiten a una organización recuperarse rápidamente y continuar sus operaciones después de un evento disruptivo.

¿Qué es un DRP?

Un Plan de Recuperación ante Desastres (DRP, por sus siglas en inglés) es un conjunto de procedimientos documentados para la recuperación y protección de una empresa ante un evento catastrófico. Su objetivo es asegurar la continuidad del negocio y la recuperación rápida de los sistemas críticos de TI y datos después de un desastre.

¿Qué es un BCP?

Un Plan de Continuidad del Negocio (BCP, por sus siglas en inglés) es un plan integral que establece los procedimientos y acciones necesarios para asegurar que una empresa pueda seguir operando durante y después de un evento disruptivo. El objetivo principal del BCP es minimizar el impacto de interrupciones en las operaciones del negocio y garantizar que los servicios críticos puedan continuar o ser rápidamente restablecidos.

Evaluación de Planes de Continuidad del Negocio y Recuperación ante Desastres

Para auditar el BCP y el DRP de nuestra organización debemos verificar los siguientes elementos:

1. Documentación y Alcance

☐ ¿Los planes están documentados y cubren todos los aspectos críticos del negocio?
Verificar que los planes sean exhaustivos y estén formalmente documentados.

2. Identificación de Recursos Críticos

☐ ¿Se han identificado y priorizado los recursos y procesos críticos?
Confirmar que se haya hecho un análisis para identificar los activos más importantes para la operación continua del negocio.

3. Estrategias de Recuperación

☐ ¿Se han definido estrategias claras de recuperación para cada tipo de incidente?
Evaluar si existen estrategias específicas para diferentes escenarios de desastre.

4. Pruebas y Ejercicios

☐ ¿Se realizan pruebas y ejercicios regulares de los planes?
Verificar que se lleven a cabo simulaciones para probar la efectividad de los planes.

5. Actualización y Mantenimiento

☐ ¿Se revisan y actualizan los planes periódicamente?
Confirmar que los planes se mantengan actualizados para reflejar cambios en la organización o el entorno de amenazas.

Contar con planes robustos de continuidad del negocio y recuperación ante desastres asegura que la organización pueda seguir operando después de un incidente.

Auditoría del Programas de Concienciación y Capacitación en Ciberseguridad

En 2015, Anthem Inc., una de las mayores compañías de seguros de salud en Estados Unidos, sufrió un ciberataque que comprometió la información personal de aproximadamente 78.8 millones de clientes y empleados. El incidente comenzó cuando un empleado recibió un correo electrónico de phishing, aparentemente legítimo, solicitando la actualización de sus credenciales de acceso debido a una actividad inusual en su cuenta.

El correo electrónico estaba diseñado con gran precisión, utilizando logotipos oficiales y lenguaje similar al de las comunicaciones internas de Anthem. El empleado, creyendo que era una solicitud auténtica, hizo clic en el enlace y proporcionó sus credenciales en una página de inicio de sesión falsa. Los atacantes utilizaron estas credenciales para acceder a los sistemas internos de Anthem, donde instalaron malware y comenzaron a extraer datos sensibles, incluyendo nombres, fechas de nacimiento, números de seguro social, direcciones y datos de empleo.

El robo de datos fue descubierto semanas después, cuando los clientes comenzaron a notar actividades sospechosas relacionadas con sus identidades y cuentas financieras. Debido a la violación de datos, Anthem tuvo que notificar a los clientes afectados, enfrentar numerosas demandas y pagar multas significativas. La reputación de la empresa sufrió un golpe considerable, y las pérdidas financieras se estimaron en cientos de millones de dólares.

Los programas de concienciación y capacitación en ciberseguridad educan a los empleados sobre las amenazas de seguridad y las mejores prácticas para proteger la información de la organización.

Estos programas son iniciativas diseñadas para educar y entrenar a los empleados y otros usuarios sobre las amenazas cibernéticas, las mejores prácticas de seguridad y las políticas de la organización relacionadas con la ciberseguridad. A continuación, se detalla en qué consisten y cuál es su importancia:

La Concienciación en Ciberseguridad: Tiene como objetivo aumentar el conocimiento de los empleados sobre las amenazas cibernéticas y fomentar una cultura de seguridad dentro de la organización.

- Contenido: Incluye la identificación de correos electrónicos de phishing, la importancia de las contraseñas seguras, el reconocimiento de software malicioso y la comprensión de las políticas de seguridad de la empresa.

- Métodos: Se utilizan seminarios, talleres, campañas de sensibilización, boletines informativos, y otras actividades diseñadas para mantener la seguridad en la mente de todos los empleados.

La Capacitación en Ciberseguridad: Tiene como objetivo proporcionar a los empleados las habilidades técnicas y los conocimientos necesarios para manejar y responder a las amenazas cibernéticas.
- **Contenido**: Incluye instrucción técnica en herramientas de ciberseguridad, procedimientos de respuesta a incidentes, análisis de amenazas y gestión de riesgos.
- **Métodos**: Sesiones de entrenamiento práctico, cursos en línea, simulaciones de ataques cibernéticos y programas de certificación.

¿En qué consisten?
- **Evaluaciones iniciales**: Evaluaciones para determinar el nivel de conocimiento existente de los empleados sobre ciberseguridad.
- **Cursos y talleres**: Programas estructurados que pueden ser presenciales o en línea, diseñados para educar a los empleados en diversos aspectos de la ciberseguridad.
- **Simulaciones y ejercicios prácticos**: Actividades que permiten a los empleados practicar sus habilidades en un entorno controlado.
- **Actualizaciones y recordatorios continuos**: Comunicaciones periódicas para mantener a los empleados informados sobre nuevas amenazas y prácticas recomendadas.
- **Evaluaciones periódicas**: Pruebas y ejercicios para medir la efectividad de los programas de concienciación y capacitación y para identificar áreas que necesiten mejora.

¿Cuál es su importancia?
1. **Reducción del Riesgo de Incidentes de Seguridad**: Los empleados bien entrenados son menos propensos a caer en trampas como el *phishing* y son más capaces de detectar y reportar actividades sospechosas.
2. **Cumplimiento Normativo**: Muchas regulaciones de la industria y leyes de protección de datos exigen que las organizaciones implementen programas de concienciación y capacitación en ciberseguridad.

3. **Protección de Activos Críticos**: La capacitación adecuada ayuda a proteger la información confidencial y los sistemas críticos de la organización.
4. **Fortalecimiento de la Cultura de Seguridad**: Fomenta un entorno en el que todos los empleados se sientan responsables de la seguridad de la organización.
5. **Respuesta Eficaz a Incidentes**: Empleados capacitados pueden responder más rápida y eficazmente a los incidentes de seguridad, minimizando así el daño y acelerando la recuperación.
6. **Prevención de Pérdidas Financieras**: Al reducir la probabilidad y el impacto de los incidentes de ciberseguridad, las organizaciones pueden evitar pérdidas financieras significativas.

En resumen, los Programas de Concienciación y Capacitación en Ciberseguridad son esenciales para cualquier organización que quiera protegerse eficazmente contra las amenazas cibernéticas y asegurar sus operaciones.

Auditoría del Programas de Concienciación y Capacitación en Ciberseguridad

Para auditar el Programas de Concienciación y Capacitación en Ciberseguridad debemos verificar los siguientes aspectos:

1. Alcance y Cobertura
    □ ¿El programa de capacitación cubre todos los aspectos esenciales de ciberseguridad?
    Verificar que el contenido del programa sea completo y cubra temas cruciales como phishing*, gestión de contraseñas y uso seguro de dispositivos.*

2. Frecuencia y Actualización
    □ ¿Se actualiza y se imparte el programa de capacitación regularmente?
    Confirmar que el programa se revise y se actualice periódicamente para incluir nuevas amenazas y prácticas.

3. Participación y Compromiso

☐ ¿Todos los empleados participan en las sesiones de capacitación?
Evaluar si la capacitación es obligatoria y si todos los empleados asisten a las sesiones programadas.

4. Eficacia del Programa

☐ ¿Se mide la efectividad del programa de capacitación?
Verificar si se utilizan métodos para evaluar el conocimiento adquirido por los empleados, como pruebas o simulaciones de phishing.

5. Adaptación y Personalización

☐ ¿El programa de capacitación está adaptado a las diferentes funciones dentro de la organización?
Confirmar que el contenido se personalice según los roles y responsabilidades de los empleados.

La evaluación de programas de concienciación y capacitación en ciberseguridad asegura que los empleados estén bien informados y preparados para enfrentar amenazas.

Capítulo 6: Auditoría de Controles de Seguridad

¿Qué Son los Controles de Seguridad?

Los controles de seguridad son medidas, políticas y procedimientos implementados para proteger los activos de información de una organización contra amenazas y vulnerabilidades. Estos controles están diseñados para asegurar la confidencialidad, integridad y disponibilidad de la información, con objeto de reducir los riesgos asociados con su manejo, transporte y almacenamiento.

Tipos de Controles de Seguridad

Los controles de seguridad se pueden clasificar en varias categorías según su naturaleza y propósito. Las principales categorías incluyen:

Según su objetivo o propósito:

Controles Preventivos

Los controles preventivos son medidas diseñadas para evitar que ocurra un incidente de seguridad, de manera que actúan antes de que suceda. Se enfocan en bloquear o detener las amenazas potenciales antes de que puedan causar daño. Un ejemplo simple es el uso de contraseñas fuertes y autenticación multifactor para evitar el acceso no autorizado a sistemas. Al igual que poner cerraduras en las puertas para evitar que los ladrones entren a una casa, estos controles buscan prevenir problemas antes de que se conviertan en realidad.

    Objetivo: Evitar que ocurra un incidente de seguridad. Algunos ejemplos de controles preventivos son los siguientes:

- **Políticas de Seguridad:** Documentos que establecen las normas y expectativas sobre el manejo de la información.
- **Procedimientos de Seguridad:** Instrucciones detalladas sobre cómo implementar las políticas.

- **Formación y Concienciación:** Programas para educar a los empleados sobre las mejores prácticas de seguridad.
- **Controles de Acceso Físico:** Uso de cerraduras, tarjetas de acceso y guardias de seguridad para limitar el acceso a las instalaciones.
- **Autenticación y Autorización:** Métodos para asegurar que solo usuarios autorizados puedan acceder a los sistemas, como contraseñas, tarjetas inteligentes y autenticación multifactor.

Controles Detectivos

Los controles detectivos son aquellos que ayudan a identificar y detectar incidentes de seguridad en el momento en que ocurren. No pueden prevenir los incidentes, pero permiten que las organizaciones los descubran rápidamente para que se puedan tomar medidas inmediatas. Por ejemplo, los sistemas de detección de intrusos (IDS) monitorizan el tráfico de la red y alertan a los administradores si detectan actividad sospechosa. Es como un sistema de alarma que suena cuando alguien entra a una casa; el objetivo es que los propietarios sean alertados y tomen acción.

   Objetivo: Identificar y detectar incidentes de seguridad cuando ocurren. Algunos ejemplos incluyen:

- **Sistemas de Detección de Intrusos (IDS):** Monitorean el tráfico de red para detectar actividades sospechosas.
- **Registros y Monitoreo:** Mantenimiento de registros de actividad del sistema y su revisión periódica.
- **Alarmas y Alertas:** Notificaciones automáticas cuando se detecta un evento sospechoso.
- **Auditorías y Revisiones:** Evaluaciones periódicas de los sistemas y procesos para identificar desviaciones.

Controles Correctivos

Los controles correctivos se implementan para mitigar el impacto de un incidente de seguridad después de que ha ocurrido y restaurar los sistemas afectados a su estado normal. Estos controles ayudan a limitar el daño y a recuperar la funcionalidad lo más rápido posible. Un ejemplo de esto es el uso de copias de seguridad y planes de recuperación ante desastres para restaurar datos y sistemas después de un ataque. Es como tener un plan de emergencia y herramientas de reparación para arreglar una casa después de que ha sido dañada por una tormenta.

Objetivo: Mitigar el impacto de un incidente de seguridad y restaurar los sistemas a su estado normal. Algunos ejemplos de controles correctivos incluyen:

- **Planes de Respuesta a Incidentes:** Procedimientos a seguir en caso de un incidente de seguridad.
- **Planes de Recuperación ante Desastres (DRP):** Estrategias para restaurar los sistemas críticos después de una interrupción significativa.
- **Parcheo y Actualización de *Software*:** Instalación de parches y actualizaciones para corregir vulnerabilidades conocidas.
- **Restauración de Copias de Seguridad:** Uso de copias de seguridad para restaurar datos y sistemas comprometidos.

Controles Disuasivos

Los controles disuasivos son medidas diseñadas para desanimar o prevenir intentos de violación de seguridad al crear un ambiente que haga que los atacantes potenciales reconsideren sus acciones. Estos controles no detienen directamente un ataque, pero actúan como un elemento de disuasión. Por ejemplo, tener cámaras de seguridad visibles o letreros que indiquen que un área está bajo vigilancia puede hacer que un intruso piense dos veces antes de intentar entrar. Es como poner en tu puerta un cartel que diga: «Perro guardián». Incluso si no tienes un perro, la posibilidad puede hacer que los ladrones busquen un objetivo más fácil.

Objetivo: Desalentar a los atacantes para que eviten comprometer los sistemas de información. Algunos ejemplos de controles disuasivos incluyen:

- **Avisos de Seguridad:** Señalización que indica la presencia de medidas de seguridad.
- **Política de Sanciones:** Establecimiento de consecuencias para quienes violen las políticas de seguridad.
- **Monitoreo y Vigilancia:** Uso de cámaras y otros dispositivos de vigilancia para disuadir el acceso no autorizado.

Clasificación según su método o naturaleza

Controles Físicos

Los controles físicos son medidas de seguridad que protegen el entorno físico donde se encuentran los sistemas de información. Estos controles son tangibles y están diseñados para impedir el acceso no autorizado a instalaciones, equipos y otros recursos físicos. Ejemplos de controles físicos incluyen cerraduras, guardias de seguridad, cámaras de vigilancia, cercas y tarjetas de acceso. Estos controles actúan como barreras físicas para proteger los activos de la empresa, del mismo modo que las cerraduras y puertas blindadas protegen una casa de intrusos.

Objetivo: Proteger el entorno físico donde se encuentran los sistemas de información. Algunos ejemplos de estos controles incluyen:

- **Barras y Rejas:** Protección física contra accesos no autorizados.
- **Sistemas de Control de Clima:** Mantener el entorno adecuado para los equipos sensibles.
- **Sistemas de Protección contra Incendios:** Detectores de humo y rociadores automáticos.

Controles Administrativos

Los controles administrativos son políticas, procedimientos y prácticas de gestión diseñadas para asegurar que los empleados y la organización cumplan con las medidas de seguridad necesarias. Estos controles incluyen la creación de políticas de seguridad, programas de capacitación y concienciación, y planes de respuesta a incidentes. Los controles administrativos establecen el marco y las directrices que indican cómo manejar y proteger los activos de información. Es como tener reglas de la casa y entrenar a todos los miembros de la familia sobre cómo reaccionar en caso de una emergencia.

Objetivo: Gestionar y supervisar la seguridad de la información a nivel organizacional. Algunos ejemplos de estos controles incluyen:

- **Políticas de Contratación y Despido:** Procedimientos para asegurar que solo personal de confianza tenga acceso a la información.
- **Evaluaciones de Riesgo:** Análisis regulares para identificar y mitigar riesgos potenciales.
- **Políticas de Uso Aceptable:** Normas sobre el uso adecuado de los recursos tecnológicos de la organización.

Controles Técnicos

Los controles técnicos (también conocidos como controles lógicos) son medidas de seguridad implementadas a través de *hardware* y *software* para proteger los sistemas y datos de una organización. Estos controles incluyen mecanismos como *firewalls*, antivirus, cifrado, sistemas de detección y prevención de intrusos (IDS/IPS), y autenticación multifactor. Los controles técnicos se centran en proteger la integridad, confidencialidad y disponibilidad de la información mediante el uso de tecnología. Es como instalar un sistema de alarma y cámaras de seguridad en tu casa para detectar y prevenir intentos de robo.

Objetivo: Proteger los sistemas de información mediante soluciones tecnológicas. Algunos ejemplos de estos controles incluyen:

- *Firewalls*: Sistemas que controlan el tráfico de red entre diferentes zonas de seguridad, como Internet y una red interna de confianza.
- **Sistemas de Prevención de Intrusos (IPS):** Sistemas que no solo detectan, sino que previenen actividades maliciosas al bloquear el tráfico sospechoso.
- *Cifrado de Datos*: Transformación de datos en un formato codificado que solo puede ser leído por aquellos con la clave de descifrado adecuada.
- *Software* **Antivirus y** *Antimalware*: Programas que detectan, previenen y eliminan *software* malicioso.
- *Sistemas de Gestión de Información y Eventos de Seguridad (SIEM):* Herramientas que proporcionan análisis en tiempo real de alertas de seguridad generadas por *hardware* y aplicaciones de red.

Ejemplo de Cruce entre Clasificaciones

Para ilustrar cómo se cruzan estas clasificaciones, veamos algunos ejemplos concretos:

Control de Seguridad	Objetivo	Método
Firewall	Preventivo	Técnico
Sistema de Detección de Intrusos (IDS)	Detectivo	Técnico
Plan de Respuesta a Incidentes	Correctivo	Administrativo

Cerraduras y Guardias de Seguridad	Preventivo	Físico
Cámaras de Vigilancia	Detectivo	Físico
Parcheo de *Software*	Correctivo	Técnico

Los controles de seguridad son esenciales para proteger la información y los sistemas de una organización. Implementar una combinación adecuada de controles preventivos, detectivos, correctivos, disuasivos, físicos, administrativos y técnicos es crucial para crear un entorno de seguridad integral y robusto. Estos controles ayudan a mitigar riesgos, detectar incidentes, responder de manera efectiva y asegurar la continuidad del negocio ante cualquier amenaza.

Controles de Acceso (Físico y Lógico)

Los controles de acceso son medidas diseñadas para restringir y controlar quién puede acceder a los recursos de información y a las instalaciones físicas. Estos controles ayudan a prevenir el acceso no autorizado y a proteger la confidencialidad, integridad y disponibilidad de los datos.

Controles de Acceso Físico:

Los controles de acceso físico son medidas para proteger las instalaciones y los equipos de la organización. Estos incluyen:

1. **Sistemas de Seguridad Física:** Cámaras de vigilancia, alarmas y sensores de movimiento que monitorean y detectan actividades sospechosas.
2. **Control de Acceso a Edificios:** Incluye el uso de tarjetas de identificación, biometría y cerraduras electrónicas para restringir el acceso a áreas sensibles.
3. **Guardias de Seguridad:** Personal de seguridad que vigila las instalaciones y verifica la identidad de los visitantes.

Controles de Acceso Lógico:

Los controles de acceso lógico son medidas para proteger los sistemas de información y los datos. Estos incluyen:

1. **Autenticación de Usuarios:** Métodos para verificar la identidad de los usuarios, como contraseñas, *tokens* y el uso de segundo factor de autenticación.
2. **Autorización:** Asignación de permisos y privilegios a los usuarios en función de sus roles y responsabilidades.
3. **Control de Sesiones:** Monitoreo y gestión de las sesiones de los usuarios para detectar actividades anómalas y terminar sesiones inactivas.
4. **Registro y Monitoreo de Accesos:** Registro de todas las actividades de acceso y uso de los sistemas para fines de auditoría y monitoreo continuo.

Los controles de acceso son esenciales para proteger los activos de información y las instalaciones de la organización. Al implementar y mantener controles de acceso efectivos, se puede prevenir el acceso no autorizado, detectar actividades sospechosas y responder rápidamente a incidentes de seguridad.

Auditoría de los Controles de Acceso Físico

Exploraremos los pasos para realizar una auditoría de los controles de acceso físico. La auditoría de estos controles es fundamental para garantizar la protección de los activos físicos y la seguridad de las instalaciones.

Paso 1: Planificación de la Auditoría

Tal y como vimos antes, la planificación es el primer paso y el más crucial en cualquier auditoría. Esto incluye:

1. **Definir los Objetivos de la Auditoría:** Establecer qué se espera lograr con la auditoría. Los objetivos pueden incluir la verificación de la efectividad de los controles de acceso físico, la identificación de brechas de seguridad, y la evaluación del cumplimiento con las políticas de seguridad internas y las normativas externas.

2. **Alcance de la Auditoría:** Determinar las áreas y sistemas que serán auditados. Esto puede incluir la revisión de accesos a edificios, oficinas, centros de datos, y cualquier otra área crítica de la organización.

3. **Equipo de Auditoría:** Asignar a los miembros del equipo de auditoría, asegurando que tengan las habilidades y conocimientos necesarios para llevar a cabo la auditoría.

4. **Cronograma de Auditoría:** Establecer un cronograma claro con fechas y plazos para cada etapa de la auditoría.

Paso 2: Revisión de Políticas y Procedimientos

Antes de la auditoría de campo, es esencial revisar las políticas y procedimientos de acceso físico de la organización. Esto incluye:

1. **Políticas de Seguridad:** Revisar las políticas de seguridad física para asegurar que estén actualizadas y sean adecuadas para la protección de los activos físicos.

2. **Procedimientos de Acceso:** Revisar los procedimientos específicos que describen cómo se debe gestionar y controlar el acceso a las instalaciones. Esto incluye los procedimientos de emisión de tarjetas de identificación, el uso de biometría y la gestión de visitantes.

Paso 3: Evaluación en Campo

Esta etapa implica la evaluación directa de los controles de acceso físico en las instalaciones de la organización. Las actividades pueden incluir:

1. **Inspección Física:** Realizar inspecciones visuales de los puntos de acceso y las barreras físicas. Verificar la presencia y el estado de cámaras de seguridad, alarmas, cerraduras electrónicas y otros dispositivos de seguridad.

2. **Observación de Prácticas:** Observar cómo se implementan y siguen los procedimientos de acceso en la práctica. Esto puede incluir la observación de cómo los empleados y visitantes acceden a las instalaciones.

3. **Entrevistas:** Entrevistar a empleados y personal de seguridad para comprender cómo se gestionan y aplican los controles de acceso. Preguntar sobre situaciones específicas y procedimientos de respuesta ante incidentes.

4. *Checklist* **de auditoría**: Puedes utilizar el siguiente checklist de verificación de Controles de Seguridad Física en entornos como el Centro de Datos.

Checklist de auditoría

1. Control de Acceso Físico

- ☐ **Control de acceso basado en tarjetas:** Verificar que se utiliza un sistema de tarjetas de identificación para el acceso y que las tarjetas tienen permisos restringidos según el rol del usuario.
- ☐ **Autenticación biométrica:** Verificar que en la entrada existen dispositivos de autenticación biométrica (huellas dactilares, reconocimiento facial) y que están en funcionamiento.
- ☐ **Guardias de seguridad:** Confirmar la presencia de guardias de seguridad 24/7 y revisar sus registros de vigilancia.
- ☐ **Registro de visitantes:** Asegurarse de que hay un sistema de registro de visitantes que documenta entradas y salidas, y revisar registros recientes.
- ☐ **Cámaras de seguridad (CCTV):** Verificar la ubicación de las cámaras de seguridad, su funcionamiento, y que las grabaciones se almacenan adecuadamente.
- ☐ **Puertas de seguridad:** Comprobar que las puertas de acceso son reforzadas y que cuentan con mecanismos de bloqueo automático.

2. Protección Contra Incendios

- ☐ **Sistemas de detección de humo y calor:** Verificar la instalación y funcionamiento de sensores de humo y calor en ubicaciones clave.
- ☐ **Sistemas de extinción de incendios:** Comprobar la presencia y operatividad de sistemas automáticos de supresión de incendios (por ejemplo, gases inertes, agua nebulizada).
- ☐ **Extintores portátiles:** Asegurarse de que hay extintores manuales accesibles y en buen estado en diferentes puntos del centro de datos.

3. Control Ambiental

- **Sistemas de climatización:** Verificar que hay sistemas de control de temperatura y humedad y que están funcionando correctamente.
- **Sensores de agua:** Comprobar la instalación de sensores de detección de agua en áreas críticas.
- **Almacenamiento de registros:** Revisar que se mantienen registros de las condiciones ambientales y que estos son monitoreados regularmente.

4. Protección Contra Desastres Naturales

- **Diseño de infraestructura resistente:** Verificar que la construcción del centro de datos utiliza materiales resistentes a desastres naturales y que se encuentra en una ubicación de bajo riesgo.
- **Plan de recuperación de desastres:** Revisar la documentación del plan de recuperación de desastres y asegurar que se realizan pruebas regulares.

5. Energía y Electricidad

- **Sistemas de alimentación ininterrumpida (UPS):** Confirmar la presencia de sistemas UPS y que están en buen estado y adecuadamente mantenidos.
- **Generadores de respaldo:** Verificar que existen generadores de respaldo y que se prueban periódicamente.
- **Monitoreo de energía:** Asegurarse de que hay sistemas para supervisar el consumo y la calidad de la energía.

6. Seguridad Perimetral

- **Vallas y barreras:** Comprobar que el perímetro del centro de datos está cercado con vallas y barreras físicas.
- **Sensores de movimiento:** Verificar que hay sensores de movimiento instalados y que están operativos.
- **Iluminación perimetral:** Confirmar que hay iluminación adecuada en el perímetro para disuadir y detectar intrusos.

7. Gestión de Residuos

- ☐ **Destrucción segura de datos:** Verificar los procedimientos para la eliminación segura de dispositivos de almacenamiento y confirmar que se están siguiendo.
- ☐ **Reciclaje de componentes:** Comprobar que hay programas de reciclaje de *hardware* y que se cumplen con las normativas ambientales.

8. Monitoreo

- ☐ **Sistemas de monitoreo:** Revisar que hay herramientas de *software* para supervisar y registrar accesos y eventos de seguridad.

9. Políticas y Procedimientos

- ☐ **Entrenamiento del personal:** Asegurarse de que se proporciona capacitación regular sobre procedimientos de seguridad y revisar registros de entrenamiento.

10. Contingencias y Emergencias

- ☐ **Planes de evacuación:** Comprobar que hay rutas de escape y puntos de reunión bien definidos y que están señalizados.
- ☐ **Simulacros de emergencia:** Verificar que se realizan simulacros de emergencia periódicamente y revisar los registros de estos ejercicios.

Paso 4: Pruebas de Controles

Realizar pruebas específicas para evaluar la efectividad de los controles de acceso físico. Esto puede incluir:

1. **Pruebas de Ingreso:** Intentar acceder a áreas restringidas siguiendo los procedimientos normales para verificar si se detectan y si responden adecuadamente.

2. **Pruebas de Procedimientos de Emergencia:** Evaluar cómo se manejan los procedimientos de acceso durante situaciones de emergencia, como en evacuaciones o incidentes de seguridad.

Paso 5: Análisis de Datos y Hallazgos

Recopilar y analizar toda la información obtenida durante la auditoría para identificar fortalezas, debilidades y áreas de mejora. Esto incluye:

1. **Revisión de Registros:** Analizar los registros de acceso físico y los logs de sistemas de seguridad para detectar patrones anómalos o eventos de seguridad. Coteja el listado de las personas que han tenido acceso a las áreas restringidas como el Centro de Datos, en un lapso de tiempo determinado, y compáralo con el listado de personal autorizado a acceder a dicha área.

2. **Identificación de Brechas:** Comparar los hallazgos con las políticas y estándares de seguridad para identificar cualquier brecha o incumplimiento.

Paso 6: Informe de Auditoría

Elaborar un informe detallado con los hallazgos de la auditoría, recomendaciones y un plan de acción para abordar las áreas de mejora. El informe debe incluir:

1. **Resumen Ejecutivo:** Un resumen de los principales hallazgos y recomendaciones para la alta dirección.

2. **Descripción de los Hallazgos:** Detalles de cada hallazgo, incluyendo evidencia específica y el impacto potencial en la seguridad de la organización.

3. **Recomendaciones:** Acciones recomendadas para mejorar los controles de acceso físico, priorizadas según su criticidad.

4. **Plan de Acción:** Un plan de acción detallado que incluya responsables, plazos y recursos necesarios para implementar las recomendaciones.

Una auditoría de los controles de acceso físico sigue un proceso estructurado que incluye planificación, revisión de políticas, evaluación en campo, pruebas de controles, análisis de datos, informe de auditoría y seguimiento. Siguiendo estos pasos, podemos asegurar que los controles de acceso físico sean efectivos y protejan adecuadamente los activos de la organización.

Protección de Datos (Cifrado y DLP)

La protección de datos implica la implementación de medidas para asegurar la confidencialidad, integridad y disponibilidad de la información. Esto incluye el uso de técnicas como el cifrado y las soluciones de prevención de pérdida de datos.

Cifrado de Datos:

El cifrado es el proceso de convertir datos legibles en un formato ilegible utilizando algoritmos matemáticos. Solo las personas con la clave de descifrado adecuada pueden acceder a los datos cifrados. Existen dos tipos principales de cifrado:

1. **Cifrado Simétrico:** Utiliza la misma clave para cifrar y descifrar los datos. Un ejemplo de esto es el estándar AES (*Advanced Encryption Standard*).
2. **Cifrado Asimétrico:** Utiliza un par de claves, una pública y una privada, para cifrar y descifrar los datos. Un ejemplo de esto es RSA (Rivest-Shamir-Adleman).

Para mejorar la comprensión de este tipo de controles de cifrado veamos algunos casos de uso.

Cifrado Simétrico.
Escenario de Comunicaciones Seguras en una Empresa.
Imagina que Ana y José trabajan en la misma empresa y necesitan enviar información confidencial sobre un proyecto. Quieren asegurarse de que nadie más pueda leer esta información. Deciden usar cifrado simétrico.

1. **Clave Compartida:** Ana y José acuerdan una clave secreta que ambos conocen y mantienen en secreto. Esta clave será utilizada tanto para cifrar como para descifrar los mensajes.

2. **Cifrado del Mensaje:** Ana escribe un mensaje con detalles importantes del proyecto y lo cifra usando la clave compartida. El mensaje cifrado es una mezcla de caracteres que no tiene sentido para nadie que no tenga la clave.

3. **Envío del Mensaje Cifrado:** Ana envía el mensaje cifrado a José a través de la red de la empresa. Aunque alguien intercepte el mensaje, no podrá entenderlo sin la clave secreta.

4. **Descifrado del Mensaje:** José recibe el mensaje cifrado y usa la misma clave compartida para descifrarlo y leer el contenido original del mensaje.

En el cifrado simétrico, una única clave se utiliza para cifrar y descifrar los datos. Es rápido y eficiente, pero el mayor desafío es la distribución segura de la clave compartida. Si la clave es comprometida, cualquier persona podría descifrar los mensajes. Esta debilidad queda resuelta con el uso del cifrado asimétrico.

Cifrado Asimétrico
Escenario de Envío Seguro de Datos Personales.

María necesita enviar sus datos personales a un banco para abrir una cuenta. Quiere asegurarse de que nadie más pueda acceder a esta información confidencial.

1. **Generación de Claves:** El banco tiene un par de claves, una pública y una privada. La clave pública se puede compartir con cualquiera, mientras que la clave privada se mantiene en secreto y segura en el banco.

2. **Cifrado del Mensaje:** María obtiene la clave pública del banco (por ejemplo, desde su sitio web). Usa esta clave pública para cifrar su mensaje con sus datos personales.

3. **Envío del Mensaje Cifrado:** María envía el mensaje cifrado al banco. Aunque alguien intercepte el mensaje, y también tenga la clave pública, no podrá descifrarlo porque solo la clave privada del banco puede hacerlo.

4. **Descifrado del Mensaje:** El banco recibe el mensaje cifrado y usa su clave privada para descifrarlo y acceder a los datos personales de María.

En el cifrado asimétrico se utilizan un par de claves: una pública y una privada. La clave pública se usa para cifrar los datos, y solo la clave privada correspondiente puede descifrarlos. Esto elimina el problema de compartir una clave secreta, ya que la clave pública puede ser distribuida libremente. Sin embargo, el cifrado asimétrico es generalmente más lento que el cifrado simétrico debido a su complejidad matemática.

Prevención de Pérdida de Datos (DLP):

DLP es una estrategia para evitar que la información sensible se transmita fuera de la red corporativa. Las soluciones DLP monitorean, detectan y bloquean la transferencia no autorizada de datos. Componentes clave de DLP incluyen:

1. **Monitoreo de Contenido:** Analiza los datos en movimiento (red), en reposo (almacenamiento) y en uso (en dispositivos finales) para identificar información sensible.
2. **Políticas de Seguridad:** Definen las reglas y acciones a tomar cuando se detecta una posible violación de datos, como bloquear la transferencia o notificar a los administradores.
3. **Cifrado Automático:** Aplica cifrado a los datos sensibles antes de que se transmitan o almacenen fuera de la red segura.

La protección de datos es esencial para prevenir el acceso no autorizado y la divulgación de información sensible. El cifrado asegura que los datos permanezcan seguros incluso si son interceptados, mientras que DLP previene la fuga accidental o malintencionada de datos.

Auditoría de la Protección de Datos (Cifrado, DLP)

Exploraremos los pasos para realizar una auditoría de la protección de datos, con un enfoque en cifrado y prevención de pérdida de datos (DLP). La protección de datos es esencial para asegurar la confidencialidad, integridad y disponibilidad de la información sensible.

Paso 1: Planificación de la Auditoría

Nuestro primer paso es la planificación. Como ejemplo, podemos colocar lo siguiente:

1. **Objetivos de la Auditoría:** Evaluación de la efectividad de las políticas y controles de cifrado y DLP, la identificación de brechas en la protección de datos y la verificación del cumplimiento con regulaciones y estándares de seguridad.

2. **Alcance de la Auditoría:** Revisión de bases de datos, sistemas de almacenamiento, redes y dispositivos donde se maneje información sensible.

3. **Equipo de Auditoría:** Juan Pérez, Auditor Junior, y Carlos Gómez, Auditor Senior.

4. **Cronograma de Auditoría:** Establecer un cronograma claro con fechas y plazos para cada etapa de la auditoría.

Paso 2: Revisión de Políticas y Procedimientos de Protección de Datos

Antes de la auditoría en campo, es esencial revisar las políticas y procedimientos de protección de datos de la organización. Esto incluye:

1. **Políticas de Cifrado:** Revisar las políticas de cifrado para asegurar que definan claramente los tipos de datos que deben cifrarse, los métodos de cifrado permitidos y los procedimientos de gestión de claves.

2. **Políticas de DLP:** Revisar las políticas o lineamientos de prevención de pérdida de datos para asegurar que aborden cómo detectar y prevenir la exfiltración de datos sensibles, tanto intencional como accidental.

3. **Procedimientos de Protección de Datos:** Revisar los procedimientos específicos que describen cómo se implementan y mantienen los controles de cifrado y DLP.

Paso 3: Evaluación de los Sistemas y Herramientas de Protección de Datos

Esta etapa implica la evaluación directa de los sistemas y herramientas de protección de datos implementados en la organización. Las actividades pueden incluir:

1. **Revisión de Herramientas de Cifrado:** Evaluar las herramientas y tecnologías utilizadas para cifrar datos en tránsito y en reposo, asegurando que cumplan con los estándares de la industria.

2. **Evaluación de la Gestión de Claves:** Revisar cómo se generan, almacenan, distribuyen y rotan las claves de cifrado para asegurar que estén protegidas adecuadamente.

3. **Revisión de Herramientas de DLP:** Evaluar las herramientas de prevención de pérdida de datos utilizadas para monitorear y controlar el flujo de datos sensibles dentro y fuera de la organización.

Paso 4: Pruebas de Controles de Protección de Datos

Realizar pruebas específicas para evaluar la efectividad de los controles de protección de datos. Esto puede incluir:

1. **Pruebas de Cifrado de Datos:** Verificar que los datos sensibles estén cifrados adecuadamente en tránsito y en reposo. Esto incluye la revisión de configuraciones de cifrado y la realización de pruebas de penetración para evaluar la resistencia de los mecanismos de cifrado.

2. **Pruebas de Gestión de Claves:** Evaluar la seguridad y la eficacia de los procesos de gestión de claves, incluyendo la revisión de auditorías de claves y la verificación de procedimientos de recuperación de claves.

3. **Pruebas de DLP:** Evaluar cómo se detectan y previenen las amenazas de pérdida de datos. Esto incluye la revisión de políticas de DLP, la configuración de reglas de detección y la simulación de escenarios de exfiltración de datos para verificar la efectividad de los controles.

Paso 5: Análisis de Datos y Hallazgos

Recopilar y analizar toda la información obtenida durante la auditoría para identificar fortalezas, debilidades y áreas de mejora. Esto incluye:

1. **Revisión de Registros y Documentación:** Analizar los registros de cifrado y DLP, incluyendo logs de eventos de seguridad y de acceso a datos.

2. **Identificación de Brechas:** Comparar los hallazgos con las políticas y estándares de seguridad para identificar cualquier brecha o incumplimiento.

Paso 6: Informe de Auditoría

Elaborar un informe detallado con los hallazgos de la auditoría y las recomendaciones para abordar las áreas de mejora. El informe debe incluir: Resumen Ejecutivo, Descripción de los Hallazgos, Recomendaciones y Plan de Acción.

Paso 7: Seguimiento

El seguimiento es crucial para asegurar que las recomendaciones se implementen efectivamente. Esto incluye:

1. **Monitoreo de Implementación.**
2. **Reevaluación Periódica.**

Una auditoría de la protección de datos sigue un proceso estructurado que incluye planificación, revisión de políticas, evaluación de sistemas y herramientas, pruebas de controles, análisis de datos, informe de auditoría y seguimiento. Siguiendo estos pasos, podemos asegurar que la protección de datos sea efectiva y proteja adecuadamente la información sensible de la organización.

Seguridad de Aplicaciones

¿Qué son las Aplicaciones Informáticas?

Las aplicaciones informáticas son programas o conjuntos de programas diseñados para realizar tareas específicas para los usuarios. Pueden ser aplicaciones de escritorio, móviles, web, o basadas en la nube, y abarcan una amplia variedad de funciones, desde procesamiento de texto y hojas de cálculo hasta gestión de bases de datos, diseño gráfico y comunicación en línea. Ejemplos comunes incluyen Microsoft Office, Adobe Photoshop, Slack, SAP ERP, Microsoft Dynamics, QuickBooks, entre otros.

Las Aplicaciones Informáticas ofrecen una amplia gama de ventajas y funcionalidades para las Empresas, entre las cuales podemos mencionar: Eficiencia, Productividad, Comunicación, Colaboración, Gestión de Datos, Atención al Cliente, Seguridad, Competitividad, Reducción de Costes y Accesibilidad.

En resumen, las aplicaciones informáticas son esenciales para las empresas modernas, ya que mejoran la eficiencia operativa, facilitan la comunicación, protegen los datos y permiten una mejor toma de decisiones. Su correcta implementación y gestión pueden ser determinantes para el éxito y la competitividad de una empresa en el mercado actual; por esta razón, es imprescindible mantener su seguridad.

La seguridad de las aplicaciones se refiere a las prácticas y medidas implementadas para proteger las aplicaciones de amenazas, vulnerabilidades y ataques. Estos controles aseguran que las aplicaciones funcionen de manera segura y protejan la información que manejan.

Vamos a mencionar los elementos claves que deben estar implementados en la organización en procura de mantener un adecuado ambiente de seguridad en las aplicaciones:

1. **Desarrollo Seguro:** Implementar prácticas de codificación segura y realizar revisiones de código.
2. **Gestión de Vulnerabilidades:** Realizar análisis de vulnerabilidades y pruebas de penetración regularmente para identificar y corregir vulnerabilidades en las aplicaciones antes de que puedan ser explotadas por atacantes.
3. **Autenticación y Autorización:** Utilizar métodos robustos de autenticación (como uso de segundo factor de Autenticación) y control de acceso basado en roles para garantizar que solo los usuarios autorizados puedan acceder a la aplicación y a sus funcionalidades.
4. **Encriptación:** Cifrar datos en tránsito y en reposo para proteger la confidencialidad e integridad de los datos manejados por la aplicación.
5. **Monitoreo y Registro:** Implementar soluciones de monitoreo continuo y registro de actividades (*logging*) para detectar y responder a actividades sospechosas o no autorizadas de manera oportuna.

6. **Manejo de Parches y Actualizaciones:** Aplicar parches y actualizaciones de seguridad de manera regular para corregir vulnerabilidades conocidas y mejorar la seguridad general de la aplicación.

7. **Protección contra Amenazas Comunes:** Utilizar *firewalls* de aplicaciones web (WAF) y soluciones *antimalware* para defenderse contra amenazas comunes como ataques de fuerza bruta, inyecciones de código y *malware*.

8. **Pruebas de Seguridad:** Realizar pruebas de seguridad, como análisis de seguridad de aplicaciones estáticas (SAST) y dinámicas (DAST) para evaluar la seguridad de la aplicación desde múltiples perspectivas y en diferentes fases de su ciclo de vida.

9. **Concientización y Entrenamiento:** Proveer capacitación regular en seguridad para los desarrolladores y usuarios finales con el objetivo de aumentar la conciencia sobre las mejores prácticas de seguridad, para evitar errores comunes que puedan comprometer la seguridad de la aplicación.

10. **Gestión de Configuración:** Emplear configuraciones seguras para las aplicaciones y sus entornos de ejecución para evitar configuraciones por defecto inseguras, y verificar que las configuraciones sean consistentes con las políticas de seguridad.

Ejemplo Práctico: Para fortalecer la comprensión de este tema, ahora veamos un escenario de aplicación.

Una empresa desarrolla una aplicación web para manejar transacciones financieras y se consideran los elementos siguientes:

1. Los desarrolladores siguen guías de codificación segura y herramientas de análisis de código estático.

2. Los usuarios deben autenticarse con MFA, y los permisos se asignan según el rol.

3. Las transacciones y datos de usuario se cifran usando TLS para datos en tránsito y AES para datos en reposo.

4. Todas las actividades de usuarios y transacciones se registran y monitorean en busca de comportamientos anómalos.

5. La aplicación y sus componentes subyacentes reciben parches y actualizaciones de seguridad regularmente.

6. Se realizan pruebas de penetración periódicas para identificar y mitigar posibles vulnerabilidades.

Implementando estos controles, la empresa puede asegurar que su aplicación web sea resistente a ataques y proteja adecuadamente la información financiera de sus usuarios.

Auditoría de la Seguridad de Aplicaciones

Ahora vamos a explorar los pasos necesarios para realizar una auditoría de la seguridad de aplicaciones. La seguridad de aplicaciones es crucial para proteger datos sensibles y asegurar que las aplicaciones funcionen como se espera sin ser vulnerables a ataques.

Paso 1: Planificación de la Auditoría. Esta la podemos definir como sigue:

1. **Definir los Objetivos de la Auditoría:** Evaluar la efectividad de los controles de seguridad y verificar el cumplimiento de estándares de seguridad relacionados a las aplicaciones de la empresa.

2. **Alcance de la Auditoría:** Especificar qué aplicaciones serán auditadas como: Aplicación de contabilidad, Recursos Humanos e Inventario.

3. **Equipo de Auditoría:** Seleccionar un equipo con habilidades técnicas y conocimientos específicos en seguridad de aplicaciones. Ejemplo: Juan Pérez, Auditor Junior, y Carlos Gómez, Auditor Senior.

4. **Cronograma de la Auditoría:** Establecer un calendario claro con fechas para cada etapa de la auditoría.

Paso 2: Revisión de Políticas y Procedimientos de Seguridad de Aplicaciones

Antes de comenzar con la auditoría práctica, es importante revisar las políticas y procedimientos relacionados con la seguridad de aplicaciones. Esto incluye:

1. **Políticas de Desarrollo Seguro:** Revisar las políticas que aseguran que las aplicaciones se desarrollan siguiendo prácticas seguras.

2. **Procedimientos de Gestión de Vulnerabilidades:** Revisar cómo la organización maneja las vulnerabilidades encontradas en las aplicaciones.

3. **Cumplimiento con Estándares:** Verificar que las políticas y procedimientos cumplen con estándares y regulaciones relevantes (por ejemplo, OWASP, ISO/IEC 27034).

Paso 3: Revisión de Arquitectura y Diseño de Aplicaciones

Evaluar la arquitectura y el diseño de las aplicaciones para identificar posibles debilidades. Esto puede incluir:

1. **Revisión de Diagramas de Arquitectura:** Revisar los diagramas para entender la estructura y los componentes de la aplicación.

2. **Evaluación de Modelos de Amenazas:** Analizar los modelos de amenazas para identificar posibles vectores de ataque.

3. **Verificación de Controles de Seguridad Integrados:** Asegurarse de que se han implementado controles de seguridad adecuados en el diseño.

Paso 4: Evaluación del Código Fuente

Para las aplicaciones desarrolladas en la empresa, verificar si se realizan revisiones del código fuente para identificar vulnerabilidades. Estas revisiones pueden incluir:

1. **Análisis Estático de Código:** Utilizar herramientas de análisis estático para revisar el código en busca de vulnerabilidades comunes, como inyecciones SQL o XSS.

2. **Revisión Manual de Código:** Realizar revisiones manuales para detectar vulnerabilidades que las herramientas automáticas puedan haber pasado por alto.

3. **Cumplimiento con Buenas Prácticas de Codificación:** Verificar que el código sigue las buenas prácticas de codificación seguras.

Paso 5: Pruebas de Seguridad de Aplicaciones

Indagar si se realizan pruebas prácticas para identificar vulnerabilidades explotables. Esto incluye:

1. **Pruebas de Penetración:** Simular ataques para identificar y explotar vulnerabilidades en la aplicación.

2. **Pruebas de Caja Negra:** Realizar pruebas sin conocimiento previo de la arquitectura interna de la aplicación.

3. **Pruebas de Caja Blanca:** Realizar pruebas con conocimiento completo de la arquitectura y el código fuente de la aplicación.

4. **Pruebas de Caja Gris:** Combinar enfoques de caja negra y caja blanca para una evaluación más completa.

5. **Estas revisiones pueden ser contratadas a terceros que ofrecen estos servicios.**

Paso 6: Revisión de Controles de Seguridad en Producción

Verificar que los controles de seguridad en el entorno de producción estén implementados y sean efectivos. Esto incluye:

1. **Revisión de Configuración de Seguridad:** Evaluar la configuración de seguridad en los servidores y bases de datos donde se ejecutan las aplicaciones.

2. **Monitoreo y Registro de Actividades:** Verificar que la actividad de la aplicación esté siendo monitoreada y registrada adecuadamente.

3. **Gestión de Incidentes:** Revisar los procedimientos de respuesta a incidentes relacionados con la aplicación.

Paso 7: Análisis de Datos y Hallazgos

Recopilar y analizar toda la información obtenida durante la auditoría para identificar debilidades y áreas de mejora. Esto incluye:

1. **Revisión de Hallazgos:** Analizar los resultados de las pruebas y revisiones para identificar vulnerabilidades y debilidades.

2. **Clasificación de Riesgos:** Clasificar los hallazgos según su severidad y el impacto potencial en la organización.

Paso 8: Informe de Auditoría

Elaborar un informe detallado con los hallazgos, recomendaciones y un plan de acción. Recuerda que el informe debe incluir:

1. **Resumen Ejecutivo.**
2. **Descripción de los Hallazgos.**
3. **Recomendaciones.**
4. **Plan de Acción.**

Paso 9: Seguimiento

Luego de concluida la auditoría y presentados los hallazgos, el seguimiento es crucial para asegurar que las recomendaciones se implementen efectivamente.

En resumen, una auditoría de la seguridad de aplicaciones sigue un proceso estructurado que incluye planificación, revisión de políticas, evaluación de arquitectura, revisión de código, pruebas de seguridad, revisión de controles en producción, análisis de datos, informe de auditoría y seguimiento. Siguiendo estos pasos, podemos afirmar que las aplicaciones sean seguras y protejan adecuadamente los datos y recursos de la organización.

Checklist de Verificación: Auditoría de la Seguridad de Aplicaciones

Este checklist será de utilidad para llevar adelante una evaluación exhaustiva de la seguridad de las aplicaciones para identificar debilidades y áreas de mejora. El objeto de ello es proporcionar un marco claro y corroborar que las aplicaciones sean seguras y estén alineadas con las mejores prácticas de la industria.

Revisión de Políticas y Procedimientos de Seguridad de Aplicaciones

1. ¿Existen políticas de desarrollo seguro documentadas y actualizadas?
   Verificar la existencia y actualización de políticas que promuevan prácticas de desarrollo seguro.

2. ¿Se siguen procedimientos definidos para la gestión de vulnerabilidades en aplicaciones?
   Confirmar que hay procedimientos documentados para identificar, reportar y corregir vulnerabilidades.

Revisión de Arquitectura y Diseño de Aplicaciones

1. ¿Están documentados los diagramas de arquitectura de la aplicación?
   Asegurarse de que existan y se mantengan actualizados los diagramas de arquitectura.
2. ¿Se han realizado y documentado modelos de amenazas para la aplicación?
   Verificar la existencia y actualización de modelos de amenazas que identifiquen vectores de ataque potenciales.
3. ¿Se han implementado controles de seguridad en el diseño de la aplicación?
   Confirmar la integración de controles de seguridad desde las primeras etapas del diseño.

Evaluación del Código Fuente

1. ¿Se realizan análisis estáticos del código fuente regularmente?
   Comprobar que se utilizan herramientas de análisis estático para detectar vulnerabilidades en el código.
2. ¿Se llevan a cabo revisiones manuales de código?
   Verificar que se realicen revisiones manuales periódicas del código fuente para identificar problemas que las herramientas automáticas no detecten.
3. ¿El código sigue las buenas prácticas de codificación segura?
   Confirmar que el código adherirse a estándares y buenas prácticas de seguridad en la codificación (como OWASP).

Pruebas de Seguridad de Aplicaciones

1. ¿Se realizan pruebas de penetración de manera regular?
   Asegurarse de que se ejecutan pruebas de penetración para identificar y explotar vulnerabilidades en la aplicación.
2. ¿Se efectúan pruebas de caja negra y caja blanca en la aplicación?

Verificar que se lleven a cabo tanto pruebas de caja negra (sin conocimiento previo) como de caja blanca (con conocimiento del sistema) para una evaluación completa.

3. ¿Se implementan pruebas de caja gris para evaluar la seguridad de la aplicación?
   Confirmar la realización de pruebas de caja gris que combinan enfoques de caja negra y caja blanca.

Revisión de Controles de Seguridad en Producción

1. ¿Las configuraciones de seguridad en producción cumplen con las políticas de la organización?
   Verificar que las configuraciones de seguridad en los entornos de producción estén alineadas con las políticas establecidas.

2. ¿Se registran y monitorean adecuadamente las actividades de la aplicación en producción?
   Asegurarse de que la actividad de la aplicación sea registrada y monitoreada para detectar comportamientos anómalos.

3. ¿Existen procedimientos de respuesta a incidentes documentados y efectivos?
   Confirmar la existencia y eficacia de procedimientos de respuesta a incidentes relacionados con la aplicación.

Revisión de Controles de Acceso y Autenticación

1. ¿Se implementan controles de acceso adecuados para proteger la aplicación?
   Verificar que se hayan implementado controles de acceso para asegurar que solo usuarios autorizados pueden acceder a la aplicación.

2. ¿Se utiliza autenticación multifactor (MFA) para acceder a la aplicación?
   Confirmar la implementación de MFA para añadir una capa adicional de seguridad en la autenticación.

3. ¿Se gestionan adecuadamente las sesiones de usuario?
   Verificar que las sesiones de usuario sean gestionadas correctamente, incluyendo la expiración y revocación de sesiones inactivas.

Gestión de la Configuración y Actualizaciones

1. ¿Existen procedimientos para la gestión de configuraciones de seguridad?
   Asegurarse de que las configuraciones de seguridad de la aplicación sean gestionadas y revisadas regularmente.
2. ¿Se aplican parches y actualizaciones de seguridad de manera oportuna?
   Verificar que los parches y actualizaciones se implementen de manera oportuna para mitigar vulnerabilidades conocidas.

Evaluación de la Gestión de Datos

1. ¿Se cifran los datos sensibles tanto en tránsito como en reposo?
   Confirmar que los datos sensibles sean cifrados cuando están en tránsito y cuando están almacenados.
2. ¿Se implementan políticas de retención y eliminación de datos?
   Verificar la existencia de políticas para la retención y eliminación segura de datos.
3. ¿Se utilizan controles de acceso para proteger los datos sensibles?
   Asegurarse de que se implementen controles de acceso adecuados para proteger los datos sensibles de acceso no autorizado.

Evaluación de la Seguridad de la API

1. ¿Se implementan controles de autenticación y autorización para las APIs?
   Verificar que las APIs utilicen controles de autenticación y autorización para asegurar que solo usuarios y aplicaciones autorizados puedan acceder.
2. ¿Se implementan medidas para proteger contra ataques comunes en APIs?
   Confirmar que se hayan implementado medidas para proteger contra ataques como inyección de SQL, ataques de fuerza bruta y otros ataques comunes dirigidos a APIs.

Capítulo 7: Auditoría de la Gestión de Identidades y Accesos

¿Qué es la Gestión de Identidades y Accesos (IAM)?

Exploraremos la gestión de identidades y accesos, un componente crítico para la seguridad de la información.

La gestión de identidades y accesos es el conjunto de políticas, procesos y tecnologías que permiten a las organizaciones gestionar y controlar el acceso a los recursos de información. Este proceso asegura que solo las personas autorizadas puedan acceder a los sistemas y datos, en el momento y lugar adecuados.

Componentes de IAM:
1. **Identificación:** Proceso de identificar a los usuarios que solicitan acceso a los sistemas. Esto puede incluir el uso de nombres de usuario, identificaciones de empleados o números de cuenta.
2. **Autenticación:** Verificación de la identidad de los usuarios mediante métodos como contraseñas, *tokens*, biometría y autenticación multifactor (MFA). La autenticación fuerte reduce el riesgo de acceso no autorizado.
3. **Autorización:** Asignación de permisos y roles a los usuarios basándose en sus responsabilidades laborales. Esto asegura que los usuarios solo puedan acceder a los recursos necesarios para realizar sus tareas.
4. **Gestión de Roles:** Definición y gestión de roles basados en el principio de «mínimo privilegio». Los usuarios reciben solo los permisos necesarios para cumplir con sus responsabilidades.
5. **Gestión del Ciclo de Vida de Identidades:** Proceso de gestionar las identidades de los usuarios desde su creación hasta su eliminación. Esto incluye la incorporación, modificación y eliminación de cuentas de usuario.
6. **Monitoreo y Auditoría:** Monitoreo continuo de las actividades de los usuarios y la realización de auditorías regulares para asegurar el cumplimiento de las políticas de seguridad.

Aplicación práctica de los componentes de la Gestión de Identidades y Accesos

En una empresa tecnológica llamada TechSolutions, la seguridad de la información es una prioridad. Para garantizar que solo las personas autorizadas tengan acceso a los sistemas y datos críticos, la empresa implementa un robusto sistema de Gestión de Identidades y Accesos (IAM).

Identificación: Cada mañana, los empleados de TechSolutions inician sesión en sus computadoras usando sus identificaciones de empleados. Por ejemplo, María, una desarrolladora de software, utiliza su nombre de usuario único, mmartinez, asignado cuando se unió a la empresa. Este proceso asegura que cada persona que intenta acceder al sistema tiene una identidad única y reconocible.

Autenticación: Para verificar su identidad, María debe ingresar su contraseña personal. Además, TechSolutions implementa la autenticación multifactor (MFA). Después de ingresar su contraseña, María recibe un código en su teléfono móvil que debe ingresar para completar el proceso de autenticación. Este doble control reduce significativamente el riesgo de acceso no autorizado, asegurando así que, incluso si alguien obtiene su contraseña, no podrá acceder sin el segundo factor de autenticación.

Autorización: Una vez autenticada, los sistemas de TechSolutions verifican los permisos de María. Como desarrolladora, tiene acceso a ciertos repositorios de código y herramientas de desarrollo, pero no a los datos financieros o recursos humanos. Este control se basa en su rol dentro de la empresa y posibilita que solo acceda a lo necesario para su trabajo.

Gestión de Roles: El equipo de TI de TechSolutions ha definido varios roles en el sistema, cada uno con un conjunto específico de permisos. María está asignada al rol de Desarrollador, que tiene acceso a herramientas y datos relacionados con el desarrollo de software. Este enfoque, basado en el principio de mínimo privilegio, garantiza que los empleados solo tengan los accesos necesarios para cumplir con sus responsabilidades.

Gestión del Ciclo de Vida de Identidades: Cuando María se unió a TechSolutions, su cuenta fue creada y configurada con los permisos necesarios. Si María cambia de puesto o responsabilidades dentro de la empresa, su perfil se actualizará en consecuencia, ajustando sus permisos y accesos. Cuando un empleado deja la empresa, sus cuentas se desactivan inmediatamente para evitar accesos no autorizados posteriores.

Monitoreo y Auditoría: TechSolutions realiza un monitoreo continuo de las actividades de los usuarios. Por ejemplo, si María intenta acceder a una base de datos fuera de su rol, el sistema generará una alerta para el equipo de seguridad. Además, se realizan auditorías regulares para revisar los accesos y asegurarse de que todas las actividades cumplen con las políticas de seguridad de la empresa.

Este enfoque integral de Gestión de Accesos en TechSolutions no solo protege los datos y sistemas de la empresa, sino que garantiza a su vez que cada empleado pueda trabajar de manera eficiente y segura.

Auditoría de la Gestión de Identidades y Accesos (IAM)

Exploraremos los pasos para realizar una auditoría de la Gestión de Identidades y Accesos, también conocida como IAM. La auditoría de IAM es fundamental para asegurar que solo las personas autorizadas tengan acceso a los recursos adecuados en el momento adecuado.

Paso 1: Planificación de la Auditoría

La planificación es el primer paso crucial en cualquier auditoría de IAM. Esto incluye:

1. **Definir los Objetivos de la Auditoría:** Establecer los objetivos claros de la auditoría. Los objetivos pueden incluir la evaluación de la efectividad de los controles de IAM, la identificación de brechas en la gestión de identidades y accesos, y la verificación del cumplimiento con las políticas de seguridad internas y las regulaciones externas.
2. **Alcance de la Auditoría:** Determinar las áreas y sistemas que serán auditados. Esto puede incluir la revisión de cuentas de usuario, roles y permisos, políticas de autenticación y procedimientos de gestión de accesos.
3. **Equipo de Auditoría:** Asignar a los miembros del equipo de auditoría, asegurando que tengan las habilidades y conocimientos necesarios para llevar a cabo la auditoría.

Cronograma de Auditoría: Establecer un cronograma claro con fechas y plazos para cada etapa de la auditoría.

Paso 2: Revisión de Políticas y Procedimientos de IAM

Antes de la auditoría en campo, es esencial revisar las políticas y procedimientos de IAM de la organización. Esto incluye:

1. **Políticas de Seguridad de IAM:** Revisar las políticas de seguridad relacionadas con la gestión de identidades y accesos para asegurar que estén actualizadas y adecuadas para la protección de los recursos de información.

2. **Procedimientos de Gestión de Identidades:** Revisar los procedimientos específicos que describen cómo se crean, gestionan y eliminan las identidades de los usuarios. Esto incluye la incorporación de nuevos empleados, cambios de roles y la revocación de accesos.

Paso 3: Evaluación de los Sistemas de IAM

Esta etapa implica la evaluación directa de los sistemas y herramientas de IAM implementados en la organización. Las actividades pueden incluir:

1. **Revisión de Cuentas de Usuario:** Examinar las cuentas de usuario para verificar que sean válidas y estén correctamente gestionadas. Esto incluye la revisión de cuentas activas, inactivas y de servicio.

2. **Revisión de Roles y Permisos:** Evaluar los roles y permisos asignados a los usuarios para asegurar que se basen en el principio de «mínimo privilegio» y estén alineados con las responsabilidades laborales de los usuarios.

3. **Evaluación de la Autenticación:** Revisar los métodos de autenticación utilizados, incluyendo la autenticación multifactor (MFA), para asegurar que sean efectivos y apropiados para el nivel de riesgo asociado.

Paso 4: Pruebas de Controles de IAM

Realizar pruebas específicas para evaluar la efectividad de los controles de IAM. Esto puede incluir:

1. **Pruebas de Creación y Eliminación de Cuentas:** Verificar que los procesos de creación y eliminación de cuentas de usuario se realicen de manera adecuada y segura.

2. **Pruebas de Gestión de Roles:** Evaluar cómo se gestionan los cambios de roles y permisos, y verificar que los cambios se realicen siguiendo los procedimientos establecidos.

3. **Pruebas de Autenticación:** Probar la efectividad de los métodos de autenticación, incluyendo MFA, para asegurar que proporcionen el nivel de seguridad adecuado.

Paso 5: Análisis de Datos y Hallazgos

Recopilar y analizar toda la información obtenida durante la auditoría para identificar fortalezas, debilidades y áreas de mejora. Esto incluye:

1. **Revisión de Registros de Acceso:** Analizar los registros de acceso y los logs de autenticación para detectar patrones anómalos o eventos de seguridad.

2. **Identificación de Brechas:** Comparar los hallazgos con las políticas y estándares de seguridad para identificar cualquier brecha o incumplimiento.

Paso 6: Informe de Auditoría

Elaborar un informe detallado con los hallazgos de la auditoría, recomendaciones y un plan de acción para abordar las áreas de mejora. El informe debe incluir:

1. **Resumen Ejecutivo:** Un resumen de los principales hallazgos y recomendaciones para la alta dirección.

2. **Descripción de los Hallazgos:** Detalles de cada hallazgo, incluyendo evidencia específica y el impacto potencial en la seguridad de la organización.

3. **Recomendaciones:** Acciones recomendadas para mejorar la gestión de identidades y accesos, priorizadas según su criticidad.

4. **Plan de Acción:** Un plan de acción detallado que incluya responsables, plazos y recursos necesarios para implementar las recomendaciones.

Paso 7: Seguimiento

El seguimiento es crucial para asegurar que las recomendaciones se implementen efectivamente. Esto incluye:

1. **Monitoreo de Implementación:** Verificar que las acciones correctivas se han implementado según lo recomendado.

2. **Reevaluación Periódica:** Programar auditorías periódicas para reevaluar la efectividad de la gestión de identidades y accesos, y asegurar que se mantengan alineados con las políticas y estándares de seguridad.

Por tanto, una auditoría de la gestión de identidades y accesos sigue un proceso estructurado que incluye planificación, revisión de políticas, evaluación de sistemas, pruebas de controles, análisis de datos, informe de auditoría y seguimiento. Siguiendo estos pasos, podemos asegurar que la gestión de identidades y accesos sea efectiva, y que proteja adecuadamente los recursos de la organización.

Checklist Auditoría de la Gestión de Identidades y Accesos

Vamos a revisar un *checklist* de auditoría para la Gestión de Identidades y Accesos, conocido como IAM. Este *checklist* nos ayudará a certificar que nuestra organización gestiona correctamente las identidades y accesos de los usuarios, manteniendo la seguridad y el cumplimiento de las normativas.

1. Políticas y Procedimientos IAM

Comenzaremos con las políticas y procedimientos de IAM. Es fundamental verificar que existen políticas documentadas para la gestión de identidades y accesos. Estas políticas deben estar actualizadas y alineadas con las normativas y mejores prácticas del sector. Además, debemos comprobar que estas políticas se comunican claramente a todo el personal y que todos son conscientes de los procedimientos a seguir.

2. Gestión de Identidades

Pasando a la gestión de identidades, debemos verificar los procedimientos para la creación y desactivación de cuentas de usuario. Es crucial comprobar que las cuentas se crean y desactivan según los procedimientos establecidos. También es importante verificar que los roles y permisos se asignan de acuerdo con las políticas de la organización, asegurándonos de que los permisos asignados son apropiados para las responsabilidades del usuario. Además, debemos realizar revisiones periódicas de los accesos de los usuarios y ajustar o revocar los accesos innecesarios o inapropiados.

3. Autenticación y Autorización

En cuanto a la autenticación y autorización, debemos verificar que se utilizan métodos de autenticación fuertes, como la autenticación multifactor o MFA. Es esencial comprobar el funcionamiento y la implementación correcta de estos mecanismos. También debemos asegurarnos de que los accesos se gestionan utilizando un modelo basado en roles, conocido como RBAC, y que los roles están bien definidos y documentados.

4. Monitoreo y Registro

El monitoreo y registro son componentes cruciales de IAM. Debemos verificar que se registran todos los eventos importantes relacionados con IAM, como la creación, modificación y eliminación de cuentas, y los accesos fallidos. Estos registros deben almacenarse de forma segura y mantenerse según las políticas de retención. Además, es importante verificar que existe un sistema para monitorear la actividad de los usuarios y que las alertas de actividad inusual se gestionan adecuadamente.

5. Control de Acceso

Para el control de acceso, debemos verificar que los usuarios solo tienen los permisos necesarios para realizar sus tareas, siguiendo el principio de menor privilegio. Es fundamental revisar regularmente los accesos para asegurar el cumplimiento de este principio. También debemos verificar que las políticas de segregación de funciones están implementadas y comprobar que no existen conflictos de acceso que puedan comprometer la seguridad.

6. Gestión de Contraseñas

La gestión de contraseñas es otro aspecto clave. Debemos verificar que existe una política de gestión de contraseñas que define la complejidad, longitud y expiración de las contraseñas. Es crucial comprobar que esta política se aplica a todos los sistemas y usuarios. Además, debemos verificar que las contraseñas se almacenan de forma segura, utilizando técnicas como el hashing, y comprobar que no se almacenan contraseñas en texto claro en ningún sistema.

7. Gestión de Accesos Remotos

En cuanto a la gestión de accesos remotos, debemos verificar que existen políticas y procedimientos específicos para el acceso remoto. Es importante comprobar que los accesos remotos se gestionan y monitorean adecuadamente. También debemos verificar que se utilizan herramientas seguras, como VPNs, para el acceso remoto y comprobar su funcionamiento y configuración segura.

8. Capacitación y Concienciación

La capacitación y concienciación del personal es fundamental para la efectividad de IAM. Debemos verificar que se proporciona capacitación regular sobre IAM a todo el personal y comprobar la asistencia y efectividad de estos entrenamientos. Además, es importante verificar que existen programas de concienciación sobre seguridad relacionados con IAM y comprobar que el personal está informado sobre las mejores prácticas y riesgos relacionados.

9. Auditorías y Revisiones

Finalmente, debemos asegurarnos de que se realizan auditorías periódicas de los sistemas y procesos de IAM. Es crucial verificar que se documentan los hallazgos de estas auditorías y que se toman medidas correctivas. También, debemos revisar que los sistemas de IAM cumplen con las normativas y estándares aplicables y comprobar que se realizan revisiones de cumplimiento y se documentan los resultados.

Checklist de Verificación de Auditoría de la Gestión de Identidades y Accesos (IAM)

1. Políticas y Procedimientos IAM
- **Existencia de políticas IAM:**
  - ☐ Verificar que existen políticas documentadas para la gestión de identidades y accesos.
  - ☐ Comprobar que las políticas están actualizadas y alineadas con las normativas y mejores prácticas.

- **Comunicación de políticas:**
  - ☐ Verificar que las políticas IAM se comunican claramente a todo el personal.
  - ☐ Comprobar que el personal es consciente de las políticas y procedimientos.

2. Gestión de Identidades

- **Creación y baja de identidades:**
  - ☐ Verificar los procedimientos para la creación y desactivación de cuentas de usuario.
  - ☐ Comprobar que las cuentas se crean y desactivan según los procedimientos establecidos.
- **Asignación de roles y permisos:**
  - ☐ Verificar que los roles y permisos se asignan de acuerdo con las políticas de la organización.
  - ☐ Comprobar que los permisos asignados son apropiados para las responsabilidades del usuario.
- **Revisión periódica de accesos:**
  - ☐ Verificar que se realizan revisiones periódicas de los accesos de los usuarios.
  - ☐ Comprobar que se ajustan o revocan los accesos innecesarios o inapropiados.

3. Autenticación y Autorización

- **Mecanismos de autenticación:**
  - ☐ Verificar que se utilizan métodos de autenticación fuertes (por ejemplo, MFA).
  - ☐ Comprobar el funcionamiento y la implementación correcta de estos mecanismos.
- **Autorización basada en roles (RBAC):**
  - ☐ Verificar que los accesos se gestionan utilizando un modelo basado en roles.
  - ☐ Comprobar que los roles están bien definidos y documentados.

4. Monitoreo y Registro

- **Registro de eventos de IAM:**
  - ☐ Verificar que se registran todos los eventos importantes relacionados con IAM (creación, modificación, y eliminación de cuentas, accesos fallidos, etc.).
  - ☐ Comprobar que los registros se almacenan de forma segura y se mantienen según las políticas de retención.
- **Monitoreo de actividad:**
  - ☐ Verificar que existe un sistema para monitorear la actividad de los usuarios.
  - ☐ Comprobar que las alertas de actividad inusual se gestionan adecuadamente.

5. Control de Acceso

- **Acceso basado en el principio de menor privilegio:**
  - ☐ Verificar que los usuarios solo tienen los permisos necesarios para realizar sus tareas.
  - ☐ Comprobar que se revisan regularmente los accesos para asegurar el cumplimiento de este principio.
- **Segregación de funciones (SoD):**
  - ☐ Verificar que las políticas de segregación de funciones están implementadas.
  - ☐ Comprobar que no existen conflictos de acceso que puedan comprometer la seguridad.

6. Gestión de Contraseñas

- **Política de contraseñas:**
  - ☐ Verificar que existe una política de gestión de contraseñas (complejidad, longitud, expiración).
  - ☐ Comprobar que la política de contraseñas se aplica a todos los sistemas y usuarios.
- **Almacenamiento seguro de contraseñas:**
  - ☐ Verificar que las contraseñas se almacenan de forma segura (por ejemplo, usando *hashing*).
  - ☐ Comprobar que no se almacenan contraseñas en texto claro en ningún sistema.

7. Gestión de Accesos Remotos

- **Política de acceso remoto:**
  - ☐ Verificar que existen políticas y procedimientos para el acceso remoto.
  - ☐ Comprobar que los accesos remotos se gestionan y monitorean adecuadamente.
- **VPN y herramientas de acceso seguro:**
  - ☐ Verificar que se utilizan VPNs u otras herramientas seguras para el acceso remoto.
  - ☐ Comprobar el funcionamiento y la configuración segura de estas herramientas.

8. Capacitación y Concienciación

- **Entrenamiento en IAM:**
  - ☐ Verificar que se proporciona capacitación regular sobre IAM a todo el personal.
  - ☐ Comprobar la asistencia y efectividad de estos entrenamientos.
- **Concienciación sobre seguridad:**
  - ☐ Verificar que existen programas de concienciación sobre seguridad relacionados con IAM.
  - ☐ Comprobar que el personal está informado sobre las mejores prácticas y riesgos relacionados con IAM.

9. Auditorías y Revisiones

- **Auditorías regulares:**
  - ☐ Verificar que se realizan auditorías periódicas de los sistemas y procesos de IAM.
  - ☐ Comprobar que se documentan los hallazgos y se toman medidas correctivas.
- **Revisión de cumplimiento:**
  - ☐ Verificar que los sistemas de IAM cumplen con las normativas y estándares aplicables.
  - ☐ Comprobar que se realizan revisiones de cumplimiento y se documentan los resultados.

Capítulo 8: Auditoría de la Gestión de Vulnerabilidades

Gestión de Vulnerabilidades

La gestión de vulnerabilidades es el proceso de identificar, evaluar, tratar y reportar las vulnerabilidades en los sistemas de información. Este proceso ayuda a reducir el riesgo de que las vulnerabilidades sean explotadas por amenazas externas o internas.

Ciclo de Gestión de Vulnerabilidades:

La Gestión de vulnerabilidades consiste en la ejecución de un ciclo de varias etapas importantes, como las siguientes:

1. **Identificación de Vulnerabilidades:** Consiste en el uso de herramientas de escaneo de vulnerabilidades para identificar fallos de seguridad en sistemas y aplicaciones. Los escáneres de vulnerabilidades, como Nessus y OpenVAS, son comúnmente utilizados.
2. **Evaluación de Vulnerabilidades:** Este se refiere a evaluar la gravedad y el impacto potencial de las vulnerabilidades identificadas. Las vulnerabilidades se clasifican generalmente en función de su criticidad, como alta, media o baja.
3. **Priorización de Vulnerabilidades:** Priorizar las vulnerabilidades en función de su criticidad, el impacto potencial en la organización, y la probabilidad de explotación. Las vulnerabilidades críticas deben ser tratadas primero.
4. **Tratamiento de Vulnerabilidades:** Esta se refiere a implementar medidas para corregir o mitigar las vulnerabilidades. Esto puede incluir aplicar parches, reconfigurar sistemas o implementar controles adicionales.
5. **Monitoreo y Revisión:** Consiste en monitorear continuamente los sistemas para nuevas vulnerabilidades y revisar regularmente el estado de las vulnerabilidades tratadas para asegurar que las medidas implementadas son efectivas.

La gestión de vulnerabilidades es crucial para mantener la seguridad de los sistemas de información. Identificar y tratar las vulnerabilidades a tiempo ayuda a prevenir incidentes de seguridad, reducir el riesgo de brechas de datos y mantener la confianza de los clientes y partes interesadas.

Tipos de Amenazas Cibernéticas

Exploraremos los diferentes tipos de amenazas cibernéticas que enfrentan las organizaciones hoy en día.

1. *Malware*

Malware es un término que se refiere a cualquier tipo de *software* malicioso creado con la intención de dañar, explotar o secuestrar sistemas informáticos. Ejemplos comunes de *malware* incluyen virus, gusanos, troyanos, *spyware* y *adware*. Estos programas maliciosos pueden ingresar a los sistemas de diversas maneras, como mediante la descarga de archivos infectados, la visita a sitios web comprometidos o a través de correos electrónicos maliciosos. El impacto del *malware* puede ser devastador, ya que pueden causar la pérdida de datos importantes, dañar los sistemas de manera irreparable y robar información sensible, poniendo en riesgo la privacidad y seguridad de individuos y organizaciones.

2. *Ransomware*

El *ransomware* es un tipo específico de *malware* que cifra los datos de la víctima y exige el pago de un rescate para desbloquearlos. Este tipo de ataque ha ganado notoriedad por su capacidad para paralizar operaciones enteras. Ejemplos notables de *ransomware* incluyen WannaCry y NotPetya, que afectaron a miles de sistemas en todo el mundo. El impacto del *ransomware* es significativo: las víctimas pierden acceso a datos críticos, enfrentan altos costos financieros para recuperar sus archivos y pueden sufrir interrupciones prolongadas en sus operaciones, lo que a su vez afecta su reputación y confianza del cliente.

3. *Phishing*

El *phishing* es una técnica de ingeniería social utilizada por atacantes para engañar a los usuarios y hacer que revelen información personal o credenciales de acceso. Este método a menudo se lleva a cabo mediante correos electrónicos fraudulentos o sitios web falsos que parecen legítimos. Los atacantes buscan obtener nombres de usuario, contraseñas y otros datos sensibles. El impacto del *phishing* puede ser severo: puede conducir al robo de identidad, acceso no autorizado a sistemas y datos, y, en algunos casos, a pérdidas financieras significativas.

4. Ataques de Denegación de Servicio Distribuida (DDoS)

Los ataques de Denegación de Servicio son intentos maliciosos de sobrecargar los recursos de un sistema para afectar su correcto funcionamiento. Estos ataques son ejecutados mediante el uso de *botnets*, que son redes de computadoras infectadas que envían tráfico masivo hacia el objetivo para saturar sus capacidades. El impacto de los ataques DDoS incluye interrupciones del servicio, pérdida de ingresos debido a la inactividad de los sistemas y daño a la reputación de la organización afectada, ya que los clientes no pueden acceder a los servicios necesarios.

5. Amenazas Internas

Las amenazas internas son aquellas que provienen desde dentro de la organización, como empleados descontentos, contratistas o incluso errores humanos. Ejemplos de amenazas internas incluyen el robo de datos, sabotaje de sistemas y filtraciones accidentales de información. El impacto de las amenazas internas puede ser muy grave: pueden causar daño directo a la organización, pérdida de datos valiosos y una pérdida significativa de confianza tanto interna como externa. Estas amenazas destacan la necesidad de controles de seguridad robustos y programas de concienciación para todos los miembros de la organización.

Conocer los tipos de amenazas cibernéticas es el primer paso para proteger a su organización.

Técnicas de Ataque y Explotación de Vulnerabilidades

Profundizaremos en las técnicas de ataque y cómo los atacantes explotan vulnerabilidades en los sistemas.

1. Ingeniería Social

La ingeniería social es una técnica de manipulación psicológica utilizada por los atacantes para obtener información confidencial o acceso no autorizado a sistemas. Estos ataques explotan la confianza y la curiosidad humana en lugar de vulnerabilidades técnicas. Ejemplos comunes de ingeniería social incluyen el *phishing*, actividad mediante la cual los atacantes envían correos electrónicos falsos para obtener credenciales, el *pretexting*, acción en donde se crea un pretexto falso para engañar a alguien a revelar información, y el *baiting*, actividad en donde se utiliza una oferta atractiva para atraer a la víctima. La mitigación de la ingeniería social se logra principalmente a través de la formación y concienciación del personal, enseñándoles a reconocer y resistir estos tipos de ataques.

2. Inyección SQL

La inyección SQL es un tipo de ataque en el que se inyecta código SQL malicioso en consultas a bases de datos, con el objetivo de manipular o acceder a los datos almacenados. Este tipo de ataque aprovecha la falta de validación adecuada de las entradas de usuario. Ejemplos de inyección SQL incluyen el acceso no autorizado a datos sensibles y la manipulación de datos en la base de datos. Para mitigar estos ataques, es crucial implementar prácticas de validación y saneamiento de entradas, asegurando que todas las consultas a bases de datos se realicen de manera segura y controlada.

3. Ataques de Fuerza Bruta

Los ataques de fuerza bruta son intentos sistemáticos de adivinar contraseñas mediante el uso de múltiples combinaciones hasta encontrar la correcta. Estos ataques se dirigen comúnmente a cuentas de usuario y pueden ser automatizados para probar un gran número de combinaciones en un corto período de tiempo. La mitigación de los ataques de fuerza bruta incluye el uso de contraseñas fuertes y complejas, la implementación de autenticación multifactor, para agregar una capa adicional de seguridad, y el establecimiento de límites en la cantidad de intentos de inicio de sesión fallidos.

4. Vulnerabilidades de *Software*

Las vulnerabilidades de *software* son fallos o debilidades en el código de un programa que pueden ser explotadas por los atacantes para comprometer la seguridad del sistema. La mitigación de estas vulnerabilidades se logra mediante la aplicación de parches y actualizaciones regulares, que corrigen los fallos de seguridad descubiertos.

5. Vulnerabilidades de Configuración

Las vulnerabilidades de configuración se refieren a configuraciones incorrectas que dejan el sistema expuesto a ataques. Ejemplos comunes incluyen permisos excesivos que permiten un acceso innecesario y servicios innecesarios habilitados que pueden ser explotados. La mitigación de estas vulnerabilidades implica la realización de auditorías de configuración periódicas y la aplicación de buenas prácticas de configuración, para asegurar que solo se otorguen los permisos necesarios y que se deshabiliten los servicios no esenciales.

6. Vulnerabilidades de Red

Las vulnerabilidades de red son fallos en la arquitectura de la red o en los dispositivos de red que pueden ser explotados por los atacantes. Ejemplos incluyen puertos abiertos que pueden ser utilizados para acceder a la red y protocolos inseguros que pueden ser interceptados. Para mitigar estas vulnerabilidades, es esencial segmentar las redes para limitar el alcance de los ataques, aplicar *firewalls* para controlar el tráfico entrante y saliente, y utilizar sistemas de detección y prevención de intrusiones (IDS/IPS) para monitorear y responder a actividades sospechosas en la red.

Comprender las técnicas de ataque y cómo se explotan las vulnerabilidades es crucial para fortalecer nuestras defensas.

Pruebas de Penetración (Pentesting)

Las pruebas de penetración, comúnmente conocidas como *pentesting*, son un conjunto de técnicas y metodologías utilizadas para evaluar la seguridad de un sistema informático, red o aplicación web. El objetivo principal del *pentesting* es identificar y explotar vulnerabilidades de seguridad de manera controlada y ética para descubrir cómo un atacante podría acceder a los sistemas, obtener datos sensibles o causar daño.

Objetivos de las Pruebas de Penetración

1. **Identificación de Vulnerabilidades:** Detectar posibles puntos débiles, en la infraestructura tecnológica, que podrían ser explotados por atacantes.
2. **Explotación Controlada:** Demostrar cómo un atacante podría explotar las vulnerabilidades identificadas para acceder a sistemas, datos o recursos.
3. **Evaluación del Impacto:** Evaluar el potencial impacto de las vulnerabilidades explotadas en términos de pérdida de datos, interrupción de servicios y otros daños.
4. **Mejora de la Seguridad:** Proporcionar recomendaciones específicas para mitigar las vulnerabilidades descubiertas y mejorar la postura general de seguridad de la organización.

Tipos de Pruebas de Penetración

Existen diferentes tipos de pruebas de penetración:

1. **Caja Negra (Black Box):** El *tester* no tiene conocimiento previo del sistema objetivo. Simula el enfoque de un atacante externo.
2. **Caja Blanca (White Box):** El *tester* tiene acceso completo a la información del sistema, incluyendo código fuente, diagramas de arquitectura y credenciales. Simula un ataque interno o de un atacante con acceso privilegiado.
3. **Caja Gris (Gray Box):** El *tester* tiene acceso parcial a la información del sistema. Simula un ataque de un usuario con ciertos niveles de acceso.

Fases de una Prueba de Penetración

1. **Planificación y Reconocimiento:**
   o **Definición del Alcance:** Determinar los sistemas, redes y aplicaciones a ser evaluados.
   o **Recopilación de Información:** Obtener información sobre los objetivos a través de técnicas como escaneo de red, enumeración de servicios y recolección de datos abiertos.

2. **Escaneo y Análisis:**
   - ○ **Escaneo de Vulnerabilidades:** Utilizar herramientas automáticas para identificar posibles vulnerabilidades en los sistemas.
   - ○ **Análisis de Servicios:** Identificar y analizar los servicios y aplicaciones en ejecución para encontrar posibles puntos de entrada.
3. **Explotación:**
   - ○ **Pruebas de Explotación:** Intentar explotar las vulnerabilidades identificadas para obtener acceso no autorizado o causar interrupciones en los servicios.
4. **Post-Explotación:**
   - ○ **Mantener Acceso:** Establecer métodos para mantener el acceso al sistema comprometido para futuras pruebas.
   - ○ **Evaluación del Impacto:** Determinar el alcance y el impacto del acceso obtenido.
5. **Reporte:**
   - ○ **Documentación:** Preparar un informe detallado con los hallazgos, incluyendo vulnerabilidades descubiertas, métodos de explotación y recomendaciones para mitigación.
   - ○ **Revisión con el Cliente:** Discutir los resultados con el equipo de seguridad de la organización y proporcionar orientación para resolver los problemas encontrados.

Herramientas Comunes de Pentesting

Existen varias herramientas utilizadas para realizar trabajos de prueba de penetración, entre las cuales podemos destacar las siguientes:

- **Nmap:** Utilizado para escaneo de redes y detección de servicios.
- **Metasploit:** Framework de explotación de vulnerabilidades.
- **Burp Suite:** Herramienta para pruebas de penetración de aplicaciones web.
- **Nessus:** Escáner de vulnerabilidades.
- **Wireshark:** Analizador de protocolos de red.

Las pruebas de penetración son esenciales para fortalecer la seguridad de los sistemas y protegerlos contra ataques cibernéticos. Al simular ataques reales, las organizaciones pueden identificar y corregir debilidades antes de que sean explotadas por atacantes malintencionados.

Auditando el proceso de Gestión de Vulnerabilidades

Exploraremos los pasos para realizar una auditoría de la Gestión de Vulnerabilidades. La gestión de vulnerabilidades es un proceso crucial para identificar, evaluar y mitigar las vulnerabilidades en los sistemas de información.

Paso 1: Planificación de la Auditoría

1. **Definir los Objetivos de la Auditoría:** Los objetivos pueden incluir la evaluación de la efectividad del programa de gestión de vulnerabilidades, la identificación de brechas en el proceso y la verificación del cumplimiento con las políticas de seguridad internas y las normativas externas.

2. **Alcance de la Auditoría:** Determinar las áreas y sistemas que serán auditados. Esto puede incluir la revisión de redes, sistemas operativos, aplicaciones y dispositivos conectados.

3. **Equipo de Auditoría:** Asignar a los miembros del equipo de auditoría, asegurando que tengan las habilidades y conocimientos necesarios para llevar a cabo la auditoría.

4. **Cronograma de Auditoría:** Establecer un cronograma claro con fechas y plazos para cada etapa de la auditoría.

Paso 2: Revisión de Políticas y Procedimientos de Gestión de Vulnerabilidades

Antes de la auditoría en campo, es esencial revisar las políticas y procedimientos de gestión de vulnerabilidades de la organización. Esto incluye:

1. **Políticas de Seguridad de Gestión de Vulnerabilidades:** Revisar dichas políticas para asegurar que estén actualizadas y adecuadas para la protección de los sistemas de información.

2. **Procedimientos de Gestión de Vulnerabilidades:** Revisar los procedimientos específicos que describen cómo se identifican, evalúan, priorizan y mitigan las vulnerabilidades. Esto incluye el uso de herramientas de escaneo de vulnerabilidades y la gestión de parches.

Paso 3: Evaluación de los Sistemas y Herramientas de Gestión de Vulnerabilidades

Esta etapa implica la evaluación directa de los sistemas y herramientas de gestión de vulnerabilidades implementados en la organización. Las actividades pueden incluir:

1. **Revisión de Herramientas de Escaneo de Vulnerabilidades:** Evaluar las herramientas utilizadas para escanear y detectar vulnerabilidades en la infraestructura de TI. Asegurar que las herramientas estén actualizadas y configuradas correctamente.

2. **Evaluación de la Frecuencia y Alcance de los Escaneos:** Revisar la frecuencia y el alcance de los escaneos de vulnerabilidades para asegurar que cubran todos los sistemas y dispositivos conectados a la red de la institución.

3. **Análisis de Informes de Vulnerabilidades:** Revisar los informes generados por las herramientas de escaneo para evaluar la calidad y precisión de las detecciones de vulnerabilidades.

Paso 4: Pruebas de Controles de Gestión de Vulnerabilidades

Realizar pruebas específicas para evaluar la efectividad de los controles de gestión de vulnerabilidades. Esto puede incluir:

1. **Pruebas de Identificación de Vulnerabilidades:** Verificar que dichos procesos sean efectivos y cubran todos los sistemas, aplicaciones y equipos relevantes.

2. **Pruebas de Evaluación y Priorización:** Evaluar cómo se priorizan las vulnerabilidades identificadas basándose en el riesgo que representan para la organización.

3. **Pruebas de Mitigación y Remediación:** Revisar estos procesos para asegurar que las vulnerabilidades se aborden de manera oportuna y efectiva.

Paso 5: Análisis de Datos y Hallazgos

Recopilar y analizar toda la información obtenida durante la auditoría para identificar fortalezas, debilidades y áreas de mejora. Esto incluye:

1. **Revisión de Registros y Documentación:** Analizar los registros de escaneos de vulnerabilidades, parches aplicados y acciones de mitigación realizadas.

2. **Identificación de Brechas:** Comparar los hallazgos con las políticas y estándares de seguridad para identificar cualquier brecha o incumplimiento.

Paso 6: Informe de Auditoría

Elaborar un informe detallado con los hallazgos de la auditoría, recomendaciones y un plan de acción para abordar las áreas de mejora. El informe debe incluir:
1. **Resumen Ejecutivo.**
2. **Descripción de los Hallazgos.**
3. **Recomendaciones**.
4. **Plan de Acción.**

Paso 7: Seguimiento

El seguimiento es crucial para asegurar que las recomendaciones se implementen efectivamente. Esto incluye:
1. **Monitoreo de Implementación.**
2. **Reevaluación Periódica.**

Una auditoría de la gestión de vulnerabilidades sigue un proceso estructurado que incluye planificación, revisión de políticas, evaluación de sistemas y herramientas, pruebas de controles, análisis de datos, informe de auditoría y seguimiento. Siguiendo estos pasos, podemos asegurar que la gestión de vulnerabilidades sea efectiva y proteja adecuadamente los sistemas de la organización.

Capítulo 9: Auditoría de la Gestión de Incidentes

Qué es la Gestión de Incidentes.

En mayo de 2021, Colonial Pipeline, una de las empresas más grandes de oleoductos en Estados Unidos, fue víctima de un ataque de *ransomware*.

El ataque comenzó cuando los *hackers* del grupo DarkSide lograron infiltrarse en los sistemas de Colonial Pipeline a través de una cuenta de VPN comprometida. Esta cuenta no estaba protegida con autenticación multifactorial (MFA), lo que facilitó el acceso no autorizado. Una vez dentro, los atacantes desplegaron un *ransomware* que encriptó los datos críticos de la empresa, exigiendo un rescate de aproximadamente $4.4 millones en criptomonedas para restaurar el acceso.

Colonial Pipeline tuvo que cerrar sus operaciones para contener el ataque, lo que resultó en la interrupción del suministro de combustible en gran parte de la costa este de Estados Unidos. Este cierre temporal provocó una escasez de gasolina, lo que derivó en aumento de precios y pánico entre los consumidores.

Para tratar esta situación, la gestión del incidente por parte de Colonial Pipeline involucró varias etapas críticas:

1. **Detección y Respuesta Inmediata:** Al detectar la intrusión, Colonial Pipeline cerró proactivamente su sistema de oleoductos para evitar una mayor propagación del *malware*. Esta medida, aunque drástica, fue necesaria para contener el ataque.
2. **Comunicación:** Colonial Pipeline informó rápidamente a las autoridades y trabajó en conjunto con el FBI y otras agencias gubernamentales para manejar la situación. Además, mantuvieron a los medios de comunicación y al público informados sobre el progreso y las medidas que estaban tomando.
3. **Restauración y Recuperación:** La empresa decidió pagar el rescate para obtener la herramienta de descifrado proporcionada por los atacantes. Mientras tanto, los equipos de TI de Colonial Pipe-

line trabajaron incansablemente para restaurar los sistemas y verificar que no hubiera amenazas persistentes.

4. **Análisis Posterior y Medidas Preventivas:** Después del incidente, Colonial Pipeline realizó un análisis exhaustivo para identificar las vulnerabilidades que permitieron el ataque. Implementaron mejoras significativas en su ciberseguridad, incluyendo la adopción de autenticación multifactorial, revisión de políticas de acceso y capacitación de los empleados en seguridad informática.

Este incidente resalta cómo una gestión eficaz de incidentes de ciberseguridad no solo protege los activos de la empresa, sino también puede mitigar el impacto en la sociedad y la economía.

¿Qué es la Gestión de incidentes?

La gestión de incidentes es el proceso de identificar, analizar y responder a eventos de seguridad que pueden comprometer la confidencialidad, integridad o disponibilidad de los sistemas o de la información. Este proceso es crucial para minimizar el impacto de estos eventos y restaurar las operaciones normales de manera rápida y eficiente.

La gestión de incidentes incluye varios pasos clave:

1. **Planificación y Preparación**: Antes de que ocurra un incidente, las organizaciones deben tener un plan de respuesta a incidentes bien definido. Esto incluye la creación de políticas y procedimientos, la formación del equipo de respuesta a incidentes y la realización de simulacros para asegurar que todos sepan cómo actuar en caso de un incidente.

2. **Detección y Análisis**: La detección de incidentes puede provenir de varias fuentes, como sistemas de monitoreo de seguridad, alertas de usuarios o informes de terceros. Una vez detectado un posible incidente, es necesario analizarlo para determinar su naturaleza, alcance y posible impacto.

3. **Contención, Erradicación y Recuperación**: Una vez identificado y analizado el incidente, es importante contenerlo para evitar su propagación. Esto puede implicar la desconexión de sistemas afectados o la aplicación de medidas temporales de seguridad. Luego, se debe erradicar la causa del incidente eliminando el malware,

aplicando parches de seguridad, etc. Finalmente, se trabaja en la recuperación para restaurar los sistemas y datos afectados a su estado normal.

4. **Reporte y Documentación**: Es fundamental documentar todos los pasos y acciones tomadas durante la respuesta a un incidente. Esto incluye el análisis inicial, las medidas de contención y erradicación, y las acciones de recuperación. La documentación detallada permite una revisión posterior para identificar lecciones aprendidas y mejorar los planes de respuesta futuros.

5. **Revisión Postincidente**: Después de que un incidente ha sido manejado y los sistemas han sido restaurados, es importante llevar a cabo una revisión postincidente. Esto implica analizar lo que salió bien, lo que no, y cómo se pueden mejorar los procedimientos y políticas para futuros incidentes.

La gestión eficaz de incidentes no solo ayuda a minimizar el impacto de los incidentes de seguridad, sino también mejora la capacidad de una organización para resistir futuros ataques y refuerza la confianza en sus sistemas de seguridad.

Importancia de la Gestión de Incidentes

La gestión de incidentes es de vital importancia para cualquier organización por varias razones fundamentales:

1. **Minimización del Impacto**: Una respuesta rápida y eficaz a los incidentes de seguridad puede minimizar significativamente el impacto negativo en las operaciones de la organización. Esto incluye reducir el tiempo de inactividad, prevenir la pérdida de datos y evitar daños a los sistemas.

2. **Protección de la Información**: La gestión de incidentes ayuda a proteger la confidencialidad, integridad y disponibilidad de la información. Esto es esencial para mantener la confianza de los clientes, socios y otras partes interesadas.

3. **Cumplimiento Normativo**: Muchas normativas y estándares de seguridad requieren que las organizaciones tengan planes de ges-

tión de incidentes. Cumplir con estas regulaciones es crucial para evitar sanciones legales y proteger la reputación de la organización.

4. **Mitigación de Daños Financieros**: Los incidentes de seguridad pueden resultar en pérdidas financieras significativas debido a la interrupción de las operaciones, costos de recuperación, multas y pérdida de confianza de los clientes. Una gestión efectiva de incidentes puede ayudar a mitigar estos costos.

5. **Mejora Continua de la Seguridad**: Documentar y analizar los incidentes permite a las organizaciones aprender de cada evento y mejorar continuamente sus estrategias de seguridad. Esto ayuda a fortalecer las defensas contra futuros ataques y a reducir la probabilidad de que se repitan incidentes similares.

6. **Reputación y Confianza**: Manejar adecuadamente los incidentes de seguridad ayuda a mantener y reforzar la reputación de la organización. Los clientes y socios tienen más confianza en una organización que demuestra competencia y transparencia en la gestión de incidentes.

7. **Preparación y Resiliencia**: Tener un plan de gestión de incidentes bien establecido y practicar simulacros regularmente aumenta la preparación y resiliencia de la organización ante ataques cibernéticos. Esto asegura que la organización pueda responder de manera efectiva y mantener la continuidad del negocio en caso de un incidente.

En resumen, la gestión de incidentes es crucial para proteger los activos de la organización, cumplir con las normativas, reducir costos, mejorar continuamente las defensas de seguridad y mantener la confianza y la reputación en el mercado.

Riesgos y Amenazas en la Gestión de Incidentes

Existen varios riesgos y amenazas que debemos considerar en torno a la gestión de incidentes.

- Uno de ellos es la falta de un plan estructurado, que puede resultar en respuestas descoordinadas e ineficaces y puede provocar un incremento del daño, tiempos de recuperación más largos y mayores costos.

- Factores internos y Externos. Empleados maliciosos, errores humanos. Hackers, malware y ataques dirigidos que pudieran provocar accesos no autorizados, destrucción de datos e interrupciones operacionales.

- Falta de Capacitación y Concienciación. Personal no capacitado puede agravar los incidentes con respuestas inapropiadas. Esto aumenta la vulnerabilidad, incrementa el tiempo de respuesta y recuperación.

- Dependencia de Proveedores Externos. La dependencia excesiva en proveedores externos puede complicar la gestión de incidentes, provocando retardos en la respuesta y dificultades en la coordinación y comunicación.

- Conocer los riesgos y amenazas es esencial para fortalecer la gestión de incidentes.

Cómo Auditar la Respuesta y Gestión de Incidentes

Exploraremos cómo realizar una auditoría de la gestión de incidentes. Luego de agotar todos los pasos que amerita la realización de una auditoría, iniciando desde la planificación, podemos utilizar el *checklist* siguiente para el trabajo de campo.

Checklist para la Auditoría del Proceso de Gestión de Incidentes

Revisión del Plan de Respuesta a Incidentes

1.1 **Existencia y Actualización**
  ☐ ¿Existe un Plan de Respuesta a Incidentes documentado?
  ☐ ¿Está actualizado y alineado con las mejores prácticas y normativas?

Acción del Auditor: Verifique la existencia del PRI y asegúrese de que esté actualizado y cumpla con las normativas y mejores prácticas del sector.

1.2 Claridad y Detalle
☐ ¿Define claramente roles y responsabilidades?

☐ ¿Incluye procedimientos específicos para diferentes tipos de incidentes?

Acción del Auditor: Revise el Plan para asegurarse de que los roles y las responsabilidades estén claramente definidos y que haya procedimientos específicos para distintos tipos de incidentes.

Evaluación del Equipo de Respuesta a Incidentes (IRT)

2.1 Composición y Capacitación del Equipo
☐ ¿Está compuesto por personal capacitado y con roles definidos?

☐ ¿Reciben formación regular y participan en simulacros de incidentes?

Acción del Auditor: Verifique la composición del equipo y revise los registros de formación y simulacros para confirmar que el personal está adecuadamente capacitado.

2.2 Disponibilidad y Recursos del Equipo
☐ ¿Está disponible 24/7 para responder a incidentes?

☐ ¿Tiene acceso a las herramientas y recursos necesarios?

Acción del Auditor: Confirme que el equipo esté disponible en todo momento y que cuente con los recursos y herramientas necesarias para responder eficazmente.

Análisis de Casos de Incidentes Pasados

3.1 Documentación y Registro de Incidentes
☐ ¿Se documentan todos los incidentes de seguridad de manera detallada?

□ ¿Incluyen los registros detalles sobre la detección, respuesta y resolución de los incidentes?

Acción del Auditor: Revise los registros de incidentes para verificar que están documentados de manera detallada, incluyendo la detección, respuesta y resolución.

3.2 Evaluación de la Respuesta
□ ¿Se siguieron los procedimientos establecidos durante los incidentes?
□ ¿Fue la respuesta adecuada y eficaz para contener y mitigar el impacto del incidente?

Acción del Auditor: Analice los incidentes pasados para evaluar si se siguieron los procedimientos establecidos y si la respuesta fue efectiva.

Revisión de Procedimientos y Controles

4.1 Procedimientos de Detección y Análisis
□ ¿Se utilizan sistemas de detección de intrusos (IDS) y herramientas de gestión de eventos e información de seguridad (SIEM)?
□ ¿Son eficaces estos sistemas para detectar actividades sospechosas y generar alertas oportunas?

Acción del Auditor: Revise los sistemas IDS y SIEM para asegurarse de que están configurados correctamente y son efectivos en la detección de actividades sospechosas.

4.2 Contención y Erradicación
□ ¿Existen procedimientos claros para la contención y erradicación de amenazas?
□ ¿Son efectivos estos procedimientos para limitar la propagación y eliminar la causa raíz del incidente?

Acción del Auditor: Verifique los procedimientos de contención y erradicación, y revise casos pasados para evaluar su efectividad.

4.3 Recuperación y Restauración

☐ ¿Existen planes y procedimientos para la recuperación de sistemas y datos?

☐ ¿Se realizan pruebas regulares de recuperación para asegurar su eficacia?

Acción del Auditor: Asegúrese de que existen planes de recuperación y que se realizan pruebas regulares para validar su efectividad.

Evaluación de la Comunicación y Reporte

5.1 Notificación Interna y Externa

☐ ¿Se notifican los incidentes de manera oportuna a todas las partes relevantes?

☐ ¿Se siguen las políticas de comunicación para informar a las autoridades reguladoras y afectados externos?

Acción del Auditor: Revise las políticas de comunicación y los registros de notificaciones para confirmar que se cumplen las normativas y procedimientos.

5.2 Reporte Post-Incidente

☐ ¿Se generan informes detallados después de cada incidente?

☐ ¿Incluyen estos informes un análisis de lo sucedido, las acciones tomadas y recomendaciones para evitar futuros incidentes?

Acción del Auditor: Revise los informes postincidente para verificar que incluyen análisis detallados y recomendaciones para prevenir futuros incidentes.

Evaluación de la Mejora Continua

6.1 Revisión y Actualización del PRI

☐ ¿Se revisa y actualiza el Plan de Respuesta a Incidentes regularmente?

☐ ¿Se incorporan las lecciones aprendidas y mejoras basadas en incidentes pasados?

Acción del Auditor: Asegúrese de que el PRI se revise y actualice regularmente, y que se incorporen lecciones aprendidas de incidentes anteriores.

6.2 **Entrenamiento y Simulacros**

☐ ¿Se realizan entrenamientos y simulacros de incidentes con regularidad?

☐ ¿Se evalúa y mejora continuamente la capacidad de respuesta del equipo de incidentes?

Acción del Auditor: Revise los registros de entrenamiento y simulacros para confirmar que se realizan regularmente y que se evalúa y mejora la capacidad de respuesta del equipo.

La auditoría de la respuesta y gestión de incidentes es crucial para asegurar que la organización esté preparada para manejar incidentes de ciberseguridad de manera efectiva. Asegurarse de que los procedimientos estén documentados, el personal esté capacitado y los planes estén actualizados es fundamental para minimizar el impacto de cualquier incidente.

Capítulo 10: Auditoría de la Gestión de cambios

Gestión de cambios

El 1 de agosto del 2012, la compañía multinacional estadounidense Knight Capital Group implementó una actualización de *software* en su sistema de *trading*. Sin embargo, debido a una serie de errores en la gestión de cambios, incluida la falta de pruebas exhaustivas y una implementación apresurada, el nuevo código contenía un error crítico.

El error provocó que el sistema de *trading* comenzara a ejecutar operaciones erróneas a gran escala, comprando y vendiendo acciones a precios incorrectos. En cuestión de minutos, el banco acumuló pérdidas masivas, con un impacto total de aproximadamente 440 millones de dólares en solo 45 minutos. La velocidad y magnitud del problema dejaron al equipo de TI sin tiempo suficiente para reaccionar antes de que los daños financieros fueran irreversibles.

La falta de una gestión de cambios rigurosa y una planificación adecuada resultó en la casi quiebra de Knight Capital Group, que tuvo que buscar un rescate financiero para evitar la bancarrota. Este incidente subraya cómo la falta de pruebas, la implementación apresurada y la ausencia de una revisión exhaustiva pueden tener consecuencias catastróficas.

Este caso es un claro recordatorio de que la gestión de cambios no es una tarea opcional, sino una necesidad crítica para cualquier organización que desee mantener la integridad y la estabilidad de sus operaciones.

¿Qué es la Gestión de Cambios?

La gestión de cambios es un proceso sistemático que se utiliza para garantizar que los cambios en una organización se implementen de manera controlada y eficiente. Este proceso es fundamental para minimizar los riesgos asociados con los cambios, asegurar la continuidad operativa y optimizar el uso de recursos.

Objetivos de la Gestión de Cambios:

1. **Minimizar Riesgos:** Reducir la probabilidad de fallos o interrupciones operativas.
2. **Optimizar Recursos:** Asegurar que los recursos se utilicen de manera eficiente y efectiva durante el proceso de cambio.
3. **Mejorar la Comunicación:** Facilitar la comunicación entre las partes interesadas para asegurar que todos estén informados y alineados.
4. **Documentación Adecuada:** Mantener un registro detallado de todos los cambios para futuras referencias y auditorías.
5. **Asegurar la Conformidad:** Garantizar que todos los cambios cumplan con las políticas, procedimientos y normativas establecidas.

Elementos Principales de la Gestión de Cambios:

1. **Solicitud de Cambio (RFC):**
   - El proceso se inicia con una solicitud formal de cambio, que puede ser presentada por cualquier miembro de la organización. Esta solicitud debe incluir una descripción detallada del cambio propuesto, el motivo del cambio, los beneficios esperados y los recursos necesarios.
   - **Acción del Auditor:** Verificar que todas las RFC estén documentadas correctamente y que incluyan toda la información requerida.
2. **Evaluación y Aprobación:**
   - Una vez recibida la solicitud, un comité de cambios (CAB) o un responsable de cambios evalúa la viabilidad, los riesgos y los impactos potenciales del cambio. Se debe considerar cómo el cambio afectará a los sistemas y procesos actuales.
   - **Acción del Auditor:** Asegurarse de que el comité o responsable de cambios evalúe todas las solicitudes de manera objetiva y que se tomen en cuenta todos los riesgos y beneficios antes de la aprobación.
3. **Planificación del Cambio:**
   - Si se aprueba el cambio, se debe desarrollar un plan detallado que incluya el cronograma de implementación, los recursos necesarios, los pasos específicos a seguir y los procedimientos de prueba.

- Acción del Auditor: Revisar los planes de cambio para asegurarse de que sean completos y detallados, incluyendo todas las etapas del proceso de cambio.

4. **Implementación:**
   - La implementación del cambio debe realizarse siguiendo el plan establecido. Durante esta fase, es crucial llevar a cabo pruebas para asegurarse de que el cambio funcione como se esperaba y no cause problemas inesperados.
   - Acción del Auditor: Supervisar la implementación para verificar que se sigan los procedimientos planificados y que se realicen pruebas adecuadas antes de finalizar el cambio.

5. **Documentación:**
   - Toda la información relacionada con el cambio, incluidos los resultados de las pruebas, los problemas encontrados y las acciones tomadas, debe ser documentada de manera exhaustiva.
   - Acción del Auditor: Revisar la documentación para asegurar que sea completa y precisa, y que refleje todas las actividades realizadas durante el proceso de cambio.

6. **Revisión y Cierre:**
   - Una vez implementado el cambio, se debe realizar una revisión postimplementación para evaluar su éxito y determinar si se cumplieron los objetivos establecidos. Se deben documentar las lecciones aprendidas y cualquier recomendación para futuras mejoras.
   - Acción del Auditor: Participar en la revisión postimplementación para evaluar los resultados y asegurar que se documenten las lecciones aprendidas.

Importancia de la Gestión de Cambios:

- **Reducción de Errores y Fallos:** Una gestión adecuada de cambios ayuda a reducir la probabilidad de errores y fallos durante la implementación de cambios.
- **Mejora de la Eficiencia:** Permite que los cambios se realicen de manera más eficiente, optimizando el uso de recursos y minimizando interrupciones.

- **Aumento de la Transparencia y Comunicación:** Facilita una mejor comunicación y transparencia dentro de la organización, asegurando que todos los involucrados estén informados y alineados.
- **Cumplimiento de Normativas:** Ayuda a garantizar que los cambios cumplan con todas las normativas y políticas de la organización, evitando sanciones y asegurando la conformidad.
- **Facilitación de la Auditoría y el Seguimiento:** La documentación adecuada y la revisión de los cambios permiten una auditoría más efectiva y facilitan el seguimiento de los cambios realizados.

La gestión de cambios es, por lo tanto, un componente crítico de la gobernanza y administración de TI en cualquier organización, pues proporciona una estructura para gestionar y controlar cambios de manera efectiva y segura.

Auditoria de la Gestión de Cambios

El objetivo de realizar una auditoría a la gestión de cambios es asegurar que todas las modificaciones en los sistemas y procesos de una organización se gestionen de manera controlada, documentada y efectiva para minimizar riesgos y garantizar la estabilidad y continuidad de las operaciones. Específicamente, una auditoría de gestión de cambios tiene los siguientes objetivos:

1. **Evaluar la eficacia de los procesos de cambio:** Verificar que los procesos de cambio estén bien definidos, documentados y seguidos adecuadamente.

2. **Garantizar la conformidad con las políticas y normativas:** Asegurar que los cambios cumplan con las políticas internas, normativas legales y estándares de la industria.

3. **Identificar y mitigar riesgos:** Detectar posibles riesgos asociados con los cambios propuestos y asegurar que se implementen controles adecuados para mitigar dichos riesgos.

4. **Revisar la documentación y el seguimiento de cambios:** Comprobar que todos los cambios estén debidamente documentados, incluyendo aprobaciones, pruebas y resultados de implementación.

5. **Asegurar la integridad del sistema:** Garantizar que los cambios no afecten negativamente la integridad, disponibilidad y confidencialidad de los sistemas y datos de la organización.

6. **Evaluar la capacitación y preparación del personal:** Asegurar que el personal involucrado en la gestión de cambios esté adecuadamente capacitado y preparado para manejar los cambios de manera eficiente.

7. **Mejorar la calidad y eficiencia de los cambios:** Identificar áreas de mejora en el proceso de gestión de cambios para aumentar la eficiencia y efectividad de las implementaciones futuras.

8. **Facilitar la comunicación y coordinación:** Asegurar que haya una comunicación clara y coordinación efectiva entre los diferentes departamentos y partes interesadas durante el proceso de cambio.

Realizar una auditoría de gestión de cambios ayuda a las organizaciones a mantener el control sobre sus entornos de TI, reducir el riesgo de interrupciones y garantizar que los cambios se realicen de manera segura y efectiva.

Checklist para la Auditoría de la Gestión de Cambios

Ahora veamos un *checklist* que pueden utilizar para la auditoría de la Gestión de Cambios.

Revisión del Proceso de Gestión de Cambios (PGC)
1. Existencia y Actualización del PGC

- ☐ ¿Existe un Proceso de Gestión de Cambios documentado?
- ☐ ¿Está actualizado y alineado con las mejores prácticas y normativas?
- • **Acción del Auditor:** Verificar la existencia del documento del PGC y su actualización. Revisar si el documento está alineado con las mejores prácticas y normativas vigentes.

2. Claridad y Detalle del PGC

- ☐ ¿Define claramente roles y responsabilidades?
- ☐ ¿Incluye procedimientos específicos para diferentes tipos de cambios?
- • **Acción del Auditor:** Revisar el PGC para asegurarse de que define claramente los roles y responsabilidades. Comprobar que se incluyen procedimientos específicos para distintos tipos de cambios.

Evaluación del Comité de Cambios (CAB) o Responsable de Cambios

1. Composición y Capacitación del Equipo

- ☐ ¿Está compuesto por personal capacitado y con roles definidos?
- ☐ ¿Reciben formación regular y participan en simulacros de cambios?
- • **Acción del Auditor:** Verificar la composición del CAB o el responsable de cambios y revisar su formación y participación en simulacros.

2. Disponibilidad y Recursos del Equipo

- ☐ ¿Está disponible para evaluar y aprobar cambios cuando sea necesario?
- ☐ ¿Tiene acceso a las herramientas y recursos necesarios?
- • **Acción del Auditor:** Asegurarse de que el equipo esté disponible y tenga los recursos necesarios para evaluar y aprobar cambios.

Análisis de Solicitudes de Cambio (RFC) Pasadas

1. Documentación y Registro de RFC

- ☐ ¿Se documentan todas las solicitudes de cambio de manera detallada?
- ☐ ¿Incluyen los registros detalles sobre la evaluación, aprobación e implementación de los cambios?
- • **Acción del Auditor:** Revisar la documentación de las RFC para verificar que estén detalladas y completas, incluyendo la evaluación, aprobación e implementación.

2. Evaluación de la Respuesta a Cambios

- ☐ ¿Se siguieron los procedimientos establecidos durante la implementación de los cambios?
- ☐ ¿Fueron las respuestas adecuadas y eficaces para implementar los cambios propuestos?

- **Acción del Auditor:** Evaluar la implementación de cambios anteriores para verificar que se siguieron los procedimientos establecidos y que las respuestas fueron eficaces.

Revisión de Procedimientos y Controles

1. Procedimientos de Evaluación y Aprobación
- ☐ ¿Se utilizan criterios claros para evaluar y aprobar cambios?
- ☐ ¿Son estos procedimientos efectivos para asegurar que solo se implementen cambios viables?
- **Acción del Auditor:** Revisar los procedimientos de evaluación y aprobación para asegurarse de que sean claros y efectivos.

2. Planificación e Implementación de Cambios
- ☐ ¿Existen planes detallados para la implementación de cambios?
- ☐ ¿Se realizan pruebas adecuadas antes de la implementación final?
- **Acción del Auditor:** Revisar los planes de implementación y las pruebas realizadas para asegurar que sean detallados y adecuados.

3. Documentación y Registro de Cambios
- ☐ ¿Se documentan todos los cambios realizados de manera exhaustiva?
- ☐ ¿Incluyen los registros todos los detalles relevantes sobre el proceso de cambio?
- **Acción del Auditor:** Verificar que todos los cambios estén documentados de manera exhaustiva, incluyendo todos los detalles relevantes.

Evaluación de la Comunicación y Reporte

1. Notificación Interna y Externa
- ☐ ¿Se notifican los cambios de manera oportuna a todas las partes relevantes?
- ☐ ¿Se siguen las políticas de comunicación para informar a los afectados?
- **Acción del Auditor:** Revisar las notificaciones de cambios para asegurar que se realizan de manera oportuna y que se sigan las políticas de comunicación.

2. Reporte Post-Cambio
- ☐ ¿Se generan informes detallados después de cada cambio?

□   ¿Incluyen estos informes un análisis de lo sucedido, las acciones tomadas y recomendaciones para futuros cambios?

• **Acción del Auditor:** Revisar los informes postcambio para asegurar que sean detallados y que incluyan análisis y recomendaciones.

Evaluación de la Mejora Continua

1. Revisión y Actualización del PGC

□   ¿Se revisa y actualiza el Proceso de Gestión de Cambios regularmente?

□   ¿Se incorporan las lecciones aprendidas y mejoras basadas en cambios pasados?

• **Acción del Auditor:** Verificar que el PGC se revise y actualice regularmente, incorporando lecciones aprendidas y mejoras.

2. Entrenamiento y Simulacros

□   ¿Se realizan entrenamientos y simulacros de gestión de cambios con regularidad?

□   ¿Se evalúa y mejora continuamente la capacidad del equipo de gestión de cambios?

• **Acción del Auditor:** Evaluar la frecuencia y efectividad de los entrenamientos y simulacros para asegurar la mejora continua de la capacidad del equipo de gestión de cambios.

Este *checklist* proporciona una guía completa para auditar el proceso de gestión de cambios en una organización, asegurando que los cambios se gestionen de manera eficiente, segura y conforme a las mejores prácticas.

Capítulo 11: Auditoría de la Seguridad de la Red

Seguridad de la Red

En el año 2016, se descubrió una serie de ciberataques que aprovechaban dispositivos del Internet de las Cosas (IoT) para comprometer redes enteras. Uno de los casos más notables involucró el uso de cámaras de seguridad y grabadoras de video digitales (DVRs) que tenían vulnerabilidades no parcheadas. Estos dispositivos, fabricados por diferentes proveedores, tenían contraseñas por defecto que no se habían cambiado y *software* desactualizado con numerosas vulnerabilidades.

Los atacantes aprovecharon estas debilidades para crear una *botnet* masiva conocida como Mirai. Esta *botnet* escaneaba internet en busca de dispositivos IoT vulnerables, los infectaba y los convertía en «zombis» controlados de manera remota por los atacantes. Con miles de dispositivos comprometidos a su disposición, los atacantes lanzaron uno de los mayores ataques de denegación de servicio (DDoS) jamás registrados.

Uno de los objetivos más destacados del ataque de Mirai fue Dyn, una empresa que proveía servicios de DNS (Sistema de Nombres de Dominio) para grandes sitios web. El ataque, que tuvo lugar en octubre de 2016, abrumó los servidores de Dyn con tráfico proveniente de los dispositivos IoT comprometidos y causó interrupciones generalizadas en internet. Grandes sitios web y servicios como Twitter, Netflix, Reddit y muchos otros, se vieron afectados y millones de usuarios quedaron sin acceso.

Este incidente puso de relieve las enormes vulnerabilidades presentes en dispositivos conectados a nuestra red y la necesidad urgente de mejorar su seguridad. La lección aprendida fue clara: la seguridad de la red no solo depende de computadoras y servidores, sino también de todos los dispositivos conectados a ella, grandes o pequeños.

La seguridad de la red implica la implementación de medidas para proteger la integridad, confidencialidad y disponibilidad de las redes de información de forma integral. Esto incluye el uso de diferentes tecnologías y prácticas.

Los elementos que forman parte de la seguridad de la red de datos incluyen:

1. **Firewalls**: Dispositivos o programas que controlan el tráfico de red, permitiendo o bloqueando el tráfico basado en un conjunto de reglas de seguridad definidas.

2. **Sistemas de Detección y Prevención de Intrusiones (IDS/IPS)**: Herramientas que monitorean la red en busca de actividad sospechosa y pueden tomar medidas para prevenir ataques.

3. **VPN (Redes Privadas Virtuales)**: Tecnologías que permiten una conexión segura y cifrada sobre una red pública, como Internet.

4. **Antivirus y Antimalware**: Programas que protegen contra software malicioso, detectando y eliminando virus, spyware y otros tipos de malware.

5. **Sistemas de Autenticación**: Se refiere a mecanismos para verificar la identidad de los usuarios, como contraseñas, autenticación multifactor (MFA) y certificados digitales.

6. **Cifrado**: Se refiere al uso de algoritmos para proteger la confidencialidad de los datos en tránsito y en reposo mediante la conversión de datos en un formato ilegible para usuarios no autorizados.

7. **Control de Acceso**: Políticas y tecnologías que restringen el acceso a la red y a los recursos de la red a usuarios autorizados.

8. **Segmentación de Redes**: Se refiere a dividir una red en segmentos más pequeños y manejables para reducir el alcance de un ataque y mejorar la administración de la red.

9. **Gestión de Vulnerabilidades**: Proceso de identificación, evaluación, y mitigación de vulnerabilidades en la red y en los dispositivos conectados a ella.

10. **Sistemas de Seguridad de Endpoint**: Son sistemas que protegen los dispositivos individuales que se conectan a la red, como computadoras, teléfonos móviles y tabletas.

11. **Monitorización y Registro**: Herramientas y prácticas para registrar y analizar el tráfico de red y las actividades de los usuarios, con el objetivo de detectar y responder a incidentes de seguridad.

12. **Políticas y Procedimientos de Seguridad**: Se refiere al conjunto de reglas y prácticas documentadas que guían cómo se debe manejar la seguridad de la red y los datos en la organización.

Estos elementos, combinados y gestionados adecuadamente, ayudan a proteger la red de datos contra amenazas internas y externas, garantizando la confidencialidad, integridad y disponibilidad de la información.

Auditoría de la Seguridad de la Red

Exploraremos los pasos para realizar una auditoría de la seguridad de la red. La seguridad de la red es esencial para proteger la infraestructura de TI contra amenazas externas e internas.

Paso 1: Planificación de la Auditoría

Recordemos que la planificación es el primer paso en cualquier auditoría. Esto incluye:

1. **Definir los Objetivos de la Auditoría:** Los objetivos de esta auditoría pueden incluir la evaluación de la efectividad de los controles de seguridad de red, la identificación de brechas en la configuración y gestión de dispositivos como firewalls, y la verificación del cumplimiento con las políticas de seguridad internas.

2. **Alcance de la Auditoría:** Esto puede incluir la revisión de la configuración de firewalls y otros equipos de red, la implementación y monitoreo de IDS/IPS, y la gestión de registros de eventos de seguridad.

3. **Equipo de Auditoría:** Asignar a los miembros del equipo de auditoría, asegurando que estos tengan las habilidades y conocimientos necesarios para llevar a cabo la auditoría.

4. **Cronograma de Auditoría:** Establecer un cronograma claro con fechas y plazos para cada etapa de la auditoría.

Paso 2: Revisión de Políticas y Procedimientos de Seguridad de la Red

Antes de la auditoría en campo, es esencial revisar las políticas y procedimientos de seguridad de la red de la organización. Esto incluye:

1. **Políticas de Seguridad de la Red:** Revisar las políticas de seguridad relacionadas con la gestión de equipos de red para asegurar que estén actualizadas y adecuadas para la protección de la infraestructura.

2. **Procedimientos de Gestión de la red:** Revisar los procedimientos específicos que describen cómo se configuran, gestionan y monitorean los equipos de red.

Paso 3: Evaluación de Controles

Esta etapa implica la evaluación directa de los mecanismos de controles que se deben tener implementados. Las actividades pueden incluir:

1. **Evaluación de controles generales:** Verificar la existencia de controles de seguridad en la red, asegurando que todas las áreas críticas estén cubiertas y que las medidas de seguridad estén implementadas y gestionadas adecuadamente.

2. **Revisión de Configuración de Firewalls:** Evaluar las reglas y políticas de los firewalls para asegurar que estén configuradas de manera segura y eficaz. Verificar que las reglas sean específicas y limitadas al mínimo necesario para reducir la superficie de ataque.

3. **Evaluación de la Gestión de Cambios:** Revisar los procedimientos de gestión de cambios para asegurar que cualquier cambio en la configuración de los equipos de redes, como firewall y switches, sea documentado, aprobado y testeado antes de su implementación.

4. **Revisión de Registros y Alertas:** Evaluar la capacidad del firewall y otros equipos de redes para generar y almacenar registros detallados de eventos de seguridad. También se debe validar la existencia de actividades de revisión de las alertas configuradas con el fin de detectar posibles incidentes.

Paso 4: Evaluación de la Implementación y Monitoreo de IDS/IPS

Esta etapa implica la evaluación de los sistemas de detección y prevención de intrusos (IDS/IPS). Las actividades pueden incluir:

1. **Revisión de Configuración:** Evaluar las configuraciones para asegurar que estén optimizadas para detectar y prevenir amenazas en la red. Verificar que las firmas de amenazas estén actualizadas y que las configuraciones sean adecuadas para el entorno de red específico.

2. **Evaluación del Monitoreo y Respuesta:** Revisar los procedimientos de monitoreo continuo y respuesta a incidentes detectados por los sistemas IDS/IPS. Verificar que haya un proceso claro para la investigación y respuesta a alertas.

3. **Revisión de Eficacia:** Realizar pruebas para evaluar la capacidad de los sistemas IDS/IPS para detectar y prevenir ataques reales. Esto puede incluir la simulación de ataques controlados para verificar la detección y respuesta.

Paso 5: Pruebas de Controles de Seguridad de la Red

Realizar pruebas específicas para evaluar la efectividad de los controles de seguridad de la red. Esto puede incluir:

1. **Pruebas de Penetración:** Verificar si se realizan pruebas de penetración controladas para identificar posibles vulnerabilidades en la configuración de los equipos de red.

2. **Pruebas de Configuración:** Verificar que las configuraciones de los dispositivos de seguridad se alineen con las políticas y estándares de la organización.

3. **Pruebas de Respuesta a Incidentes:** Evaluar la capacidad de la organización para responder a incidentes de seguridad detectados por los sistemas de monitoreo de red.

Paso 6: Análisis de Datos y Hallazgos

Recopilar y analizar toda la información obtenida durante la auditoría para identificar fortalezas, debilidades y áreas de mejora. También comparar los hallazgos con las políticas y estándares de seguridad para identificar cualquier brecha o incumplimiento.

Paso 7: Informe de Auditoría

Elaborar un informe detallado con los hallazgos de la auditoría y las recomendaciones. Luego se debe obtener, del área auditada, un plan de acción para abordar los puntos de mejora. El informe debe incluir:

1. **Resumen Ejecutivo.**
2. **Descripción de los Hallazgos.**
3. **Recomendaciones.**
4. **Plan de Acción.**

En resumen, una auditoría de la seguridad de la red sigue un proceso estructurado que incluye planificación, revisión de políticas, evaluación de configuraciones, pruebas de controles, análisis de datos, informe de auditoría y seguimiento. Siguiendo estos pasos, podemos asegurar que la seguridad de la red sea efectiva y proteja adecuadamente la infraestructura de TI de la organización.

Checklist Auditoría de Controles de Seguridad de la Red

1. Revisión de la Arquitectura de la Red
1.1. Diseño de la Red
☐ ¿Existe un diseño documentado de la red que detalle la topología y los segmentos de la red?

☐ ¿Está el diseño de la red alineado con las mejores prácticas y estándares de la industria?
El auditor debe revisar la documentación del diseño de la red para asegurarse de que esté bien estructurada y cumpla con las normativas y mejores prácticas.

1.2. Segmentación de la Red
☐ ¿Se ha implementado una segmentación adecuada de la red para separar redes internas, externas y DMZ?

☐ ¿Se revisan y actualizan regularmente las políticas de segmentación de la red?

El auditor debe verificar que la red esté segmentada para limitar el acceso y contener posibles brechas de seguridad.

2. Evaluación de *Firewalls* y Sistemas de Prevención de Intrusos (IPS)

2.1. Configuración de *Firewalls*

☐ ¿Están configurados los *firewalls* para bloquear tráfico no autorizado?

☐ ¿Se revisan y actualizan regularmente las reglas y políticas de los *firewalls*?
El auditor debe revisar la configuración de los firewalls *para asegurarse de que estén protegiendo adecuadamente la red.*

2.2. Implementación de IPS/IDS

☐ ¿Se utilizan sistemas de detección y prevención de intrusos para monitorear y proteger la red?

☐ ¿Se configuran y actualizan regularmente las firmas de detección de intrusos?
El auditor debe verificar que los IPS/IDS estén correctamente configurados y actualizados para detectar y prevenir ataques.

3. Evaluación de la Gestión de Accesos y Autenticación

3.1. Políticas de Contraseñas

☐ ¿Existen políticas estrictas de contraseñas que incluyan complejidad y caducidad?

☐ ¿Se aplican estas políticas a todos los usuarios y dispositivos de red?
El auditor debe revisar las políticas de contraseñas para asegurarse de que sean robustas y estén implementadas correctamente.

3.2. Autenticación Multifactor (MFA)

☐ ¿Se ha implementado MFA para el acceso a sistemas críticos y redes?

☐ ¿Se revisa regularmente la efectividad de los métodos de autenticación utilizados?
El auditor debe verificar que MFA esté implementada para aumentar la seguridad del acceso a la red.

4. Análisis de las Políticas de Seguridad de la Red

4.1. Políticas de Seguridad

☐ ¿Existen políticas de seguridad de la red documentadas y aprobadas por la dirección?

☐ ¿Se comunican y actualizan regularmente estas políticas a todos los empleados?
El auditor debe revisar las políticas de seguridad de la red para asegurarse de que estén documentadas, comunicadas y actualizadas.

4.2. Procedimientos de Respuesta a Incidentes

☐ ¿Se han definido y documentado procedimientos de respuesta a incidentes relacionados con la red?

☐ ¿Se realizan simulacros y entrenamientos regulares para estos procedimientos?
El auditor debe verificar que existan procedimientos claros y efectivos para responder a incidentes de seguridad en la red.

5. Revisión de la Seguridad Física de la Red

5.1. Protección Física de los Equipos

☐ ¿Están los equipos de red ubicados en áreas seguras y controladas?

☐ ¿Se implementan controles de acceso físico para proteger los equipos de red?
El auditor debe revisar las medidas de seguridad física para asegurarse de que los equipos de red estén protegidos contra acceso no autorizado.

5.2. Redundancia y Respaldo

☐ ¿Existen medidas de redundancia y respaldo para asegurar la disponibilidad de la red?

☐ ¿Se prueban regularmente los sistemas de respaldo y recuperación?
El auditor debe verificar que existan y se prueben regularmente medidas de redundancia y respaldo para garantizar la disponibilidad de la red.

6. Evaluación del Monitoreo y Auditoría de la Red

6.1. Monitoreo Continuo

☐ ¿Se monitorea continuamente la red para detectar actividades sospechosas?

☐ ¿Se utilizan herramientas de monitoreo efectivas y actualizadas?
El auditor debe revisar las prácticas de monitoreo para asegurarse de que la red esté vigilada continuamente y que se utilicen herramientas adecuadas.

6.2. Auditorías de Seguridad

☐ ¿Se realizan auditorías de seguridad de la red de manera regular?

☐ ¿Se implementan y siguen las recomendaciones de las auditorías anteriores?
El auditor debe verificar que se realicen auditorías regulares y que se tomen acciones basadas en los resultados de estas auditorías.

Este *checklist* proporciona una guía integral para auditar los controles de seguridad de la red, y asegura que todas las áreas críticas estén cubiertas y que las medidas de seguridad estén implementadas y gestionadas adecuadamente.

Checklist Evaluación de la Configuración y Gestión de Firewalls

1. Revisión de Configuración de Reglas de *Firewalls*

☐ ¿Las reglas del *firewall* están documentadas y aprobadas?
Asegúrese de que cada regla de firewall esté registrada y aprobada por los responsables adecuados.

☐ ¿Las reglas del *firewall* son específicas y limitadas al mínimo necesario?
Verifique que las reglas no sean demasiado amplias y estén configuradas para permitir solo el tráfico esencial.

☐ ¿Se aplican las reglas del *firewall* según el principio de privilegio mínimo?
Asegúrese de que las reglas otorguen el acceso mínimo necesario para cumplir con las tareas requeridas.

2. Gestión de Cambios de Configuración

- ☐ ¿Existe un procedimiento formal para la gestión de cambios en la configuración del *firewall*?
  Revise si hay un proceso documentado para la aprobación, implementación y registro de cambios.
- ☐ ¿Los cambios en las reglas del *firewall* son revisados y aprobados antes de ser implementados?
  Asegúrese de que cada cambio pase por un proceso de revisión y aprobación adecuado.
- ☐ ¿Se realizan auditorías regulares de los cambios de configuración del *firewall*?
  Verifique si se llevan a cabo auditorías periódicas para revisar los cambios en las configuraciones del *firewall*.

3. Evaluación de la Gestión de Acceso

- ☐ ¿El acceso a la configuración del *firewall* está restringido al personal autorizado?
  Confirme que solo el personal autorizado tenga acceso a las configuraciones del *firewall*.
- ☐ ¿Se utilizan autenticaciones fuertes para acceder a la configuración del *firewall*?
  Verifique que se implementen métodos de autenticación robustos, como autenticación multifactor.
- ☐ ¿Se registran y monitorean los accesos a la configuración del *firewall*?
  Asegúrese de que todos los accesos sean registrados y monitoreados regularmente para detectar actividades no autorizadas.

4. Revisión de Registros y Alertas de *Firewalls*

- ☐ ¿El *firewall* está configurado para registrar todos los eventos relevantes de seguridad?
  Verifique que los eventos críticos, como intentos de acceso no autorizados, sean registrados.
- ☐ ¿Se revisan regularmente los registros del *firewall* para detectar actividades sospechosas?
  Confirme que haya un proceso establecido para la revisión periódica de los registros.

□ ¿Se configuran alertas para eventos de seguridad importantes en el *firewall*?

Asegúrese de que el *firewall* genere alertas para eventos críticos y que estas alertas sean monitoreadas.

5. Evaluación de la Configuración de Seguridad

□ ¿Las configuraciones del *firewall* cumplen con los estándares de la organización y las mejores prácticas de la industria?

Revise si las configuraciones están alineadas con las políticas de seguridad internas y los estándares reconocidos.

□ ¿Se utilizan listas blancas y negras adecuadamente en las configuraciones del *firewall*?

Asegúrese de que las listas blancas y negras sean utilizadas para controlar el tráfico de red de manera efectiva.

□ ¿El *firewall* está configurado para filtrar el tráfico entrante y saliente de acuerdo con las políticas de seguridad?

Verifique que el *firewall* filtre correctamente el tráfico según las políticas establecidas.

6. Pruebas de Configuración de *Firewalls*

□ ¿Se realizan pruebas periódicas para verificar la efectividad de las configuraciones del *firewall*?

Confirme que se llevan a cabo pruebas regulares, como pruebas de penetración, para evaluar la eficacia de las configuraciones.

□ ¿Se simulan escenarios de ataque para probar la respuesta del *firewall*?

Asegúrese de que se realicen simulaciones de ataques para evaluar la capacidad del *firewall* para detectar y bloquear amenazas.

□ ¿Se revisan y actualizan las configuraciones del *firewall* según los resultados de las pruebas?

Verifique que las configuraciones se ajusten basándose en los hallazgos de las pruebas y auditorías.

7. Evaluación de Políticas de Respaldo y Recuperación

- ☐ ¿Existen políticas de respaldo para las configuraciones del *firewall*? Asegúrese de que haya procedimientos para respaldar regularmente las configuraciones del *firewall*.
- ☐ ¿Se prueban los procedimientos de recuperación de configuraciones del *firewall*? Verifique que se realicen pruebas periódicas de los procedimientos de recuperación para asegurar que las configuraciones pueden ser restauradas rápidamente en caso de fallo.

Checklist de Configuración de Seguridad de Switches

1. Acceso y Autenticación

Control de Acceso Administrativo:

- ☐ Verifica que el acceso a la consola de administración del *switch* esté restringido solo a personal autorizado.
- ☐ Asegúrate de que se esté utilizando autenticación multifactor (MFA) para acceder a la administración del *switch*.
- ☐ Confirma que las cuentas predeterminadas y sus credenciales han sido deshabilitadas o modificadas.
- ☐ Revisa que los niveles de acceso administrativo estén configurados según el principio de mínimo privilegio.

Configuración de Contraseñas:

- ☐ Revisa que las contraseñas de acceso cumplan con la política de contraseñas de la organización (complejidad, longitud, rotación).
- ☐ Asegúrate de que las contraseñas estén cifradas en los archivos de configuración.

2. Segmentación y Seguridad de la Red

Configuración de VLAN:

- ☐ Verifica que las VLANs estén configuradas adecuadamente para segmentar el tráfico de la red y aislar segmentos críticos.
- ☐ Asegúrate de que las VLANs de administración estén separadas del tráfico de datos general.
- ☐ Revisa que los puertos que no están en uso estén desactivados o asignados a una VLAN no utilizada.

Control de Tráfico Innecesario:

□ Confirma que el tráfico innecesario, como el tráfico de *broadcast* y *multicast*, esté limitado y gestionado apropiadamente.

□ Verifica que el *Spanning Tree Protocol* (STP) esté habilitado y configurado correctamente para prevenir bucles en la red.

3. Seguridad de Puertos

Protección de Puertos:

□ Asegúrate de que *Port Security* esté habilitado para limitar el número de direcciones MAC permitidas por puerto.

□ Verifica que los puertos no utilizados estén deshabilitados o configurados en una VLAN no utilizada.

□ Revisa que la función de BPDU Guard esté habilitada en puertos que no deben recibir BPDU para prevenir ataques STP.

Autenticación de Puertos (802.1X):

□ Confirma que la autenticación 802.1X esté habilitada para asegurar que solo los dispositivos autenticados puedan conectarse a la red.

□ Asegúrate de que las políticas de autenticación estén alineadas con la política de seguridad de la organización.

4. Configuración de Redundancia y Alta Disponibilidad

Configuración de STP:

□ Verifica que el *Spanning Tree Protocol* esté configurado adecuadamente para evitar bucles de red.

□ Asegúrate de que las prioridades de puente STP estén configuradas para reflejar la topología deseada de la red.

Redundancia de Enlaces:

□ Revisa que los enlaces redundantes estén configurados correctamente para proporcionar alta disponibilidad.

□ Asegúrate de que las configuraciones de agregación de enlaces (LACP) estén implementadas donde sea necesario.

5. Monitoreo y Registro

Logs y Auditoría:

- ☐ Verifica que el registro de eventos esté habilitado y configurado para capturar eventos importantes (conexiones, cambios de configuración, etc.).
- ☐ Asegúrate de que los *logs* estén siendo enviados a un servidor de *logs* centralizado para análisis y retención.
- ☐ Revisa que los *logs* se almacenen de manera segura y sean auditados regularmente.

Monitoreo de la Red:

- ☐ Confirma que los sistemas de monitoreo de red estén configurados para alertar sobre condiciones anómalas o posibles problemas de seguridad.
- ☐ Asegúrate de que los datos SNMP estén cifrados y que solo usuarios autorizados tengan acceso.

6. Actualizaciones y Parches

Actualización de *Firmware* y *Software*:

- ☐ Verifica que el firmware de los *switches* esté actualizado a la última versión estable.
- ☐ Asegúrate de que todos los parches de seguridad recomendados por el fabricante hayan sido aplicados.

Notificaciones de Vulnerabilidades:

- ☐ Confirma que se están monitoreando los boletines de seguridad del fabricante para identificar y responder a nuevas vulnerabilidades.

7. Respaldo y Recuperación

Respaldo de Configuraciones:

- ☐ Revisa que se realicen respaldos regulares de la configuración de los *switches*.
- ☐ Asegúrate de que los respaldos se almacenen de forma segura y se prueben periódicamente para asegurar su recuperación.
- ☐ Verifica que exista un plan de contingencia documentado en caso de falla de un *switch* crítico.
- ☐ Confirma que los procedimientos de recuperación se hayan probado y actualizado regularmente.

8. Protección Avanzada

Control de Acceso a la Red (NAC):

- ☐ Asegúrate de que un sistema NAC esté implementado para controlar el acceso de dispositivos a la red según políticas de seguridad definidas.
- ☐ Verifica que las *Access Control Lists* (ACLs) estén configuradas para filtrar y controlar el tráfico en función de las políticas de seguridad.

Este *checklist* cubre los aspectos clave para asegurar una configuración de *switch* robusta y puede adaptarse según las necesidades específicas de tu infraestructura de red.

Esta lista de verificación les ayudara a fijar aspectos críticos de la configuración y certificar que la seguridad de la red sea revisada de manera exhaustiva. Siguiendo esta lista, los auditores pueden identificar debilidades, asegurar que las mejores prácticas sean implementadas y que la configuración de los equipos proteja adecuadamente la red de la organización.

Capítulo 12: Auditoría de los Servicios en la Nube

Servicios en la nube

Los servicios en la nube son recursos informáticos (como almacenamiento, bases de datos, servidores, redes, *software*, etc.) que se proporcionan a través de Internet, en lugar de alojarse en servidores locales o en dispositivos personales. Estos servicios permiten a las empresas y a los individuos acceder a tecnologías avanzadas de manera más eficiente y económica. Veamos una descripción más detallada de las diferentes modalidades:

1. **Infraestructura como Servicio (IaaS)**: Es un servicio en la nube que proporciona recursos de TI básicos como servidores, almacenamiento y redes sobre una base de pago por uso. Veamos algunos ejemplos de esto:

   - **Amazon Web Services (AWS)**: Proporciona una amplia gama de servicios de infraestructura como computación, almacenamiento y redes. Por ejemplo, Amazon EC2 para computación y Amazon S3 para almacenamiento.

   - **Microsoft Azure**: Ofrece servicios como máquinas virtuales (VMs), almacenamiento y redes. Ejemplos incluyen Azure Virtual Machines y Azure Blob Storage.

   - **Google Cloud Platform (GCP)**: Proporciona servicios como Google Compute Engine para máquinas virtuales y Google Cloud Storage para almacenamiento.

2. **Plataforma como Servicio (PaaS)**: Ofrece una plataforma que permite a los desarrolladores crear, ejecutar y gestionar aplicaciones sin tener que preocuparse por la infraestructura subyacente. Como ejemplos podemos citar los siguientes servicios:

- **Google App Engine**: Permite a los desarrolladores construir y desplegar aplicaciones sin preocuparse por la gestión de la infraestructura.

- **Microsoft Azure App Services**: Ofrece un entorno para construir, desplegar y escalar aplicaciones web y móviles.

- **Heroku**: Facilita el despliegue y la gestión de aplicaciones, proporcionando un entorno completo para el desarrollo y la ejecución de aplicaciones.

3. *Software* **como Servicio (SaaS)**: Proporciona aplicaciones de *software* a través de Internet, eliminando la necesidad de instalación y mantenimiento local. Como ejemplo de esto tenemos a:

- **Google Workspace**: Incluye aplicaciones como Gmail, Google Drive, Google Docs, y Google Sheets, accesibles a través de la web.

- **Microsoft Office 365**: Ofrece aplicaciones como Word, Excel, PowerPoint y Outlook, todas disponibles en línea.

- **Salesforce**: Proporciona soluciones de gestión de relaciones con clientes (CRM) que ayudan a las empresas a gestionar ventas, servicio al cliente y más.

4. **Funciones como Servicio (FaaS)**: Permite a los desarrolladores ejecutar partes de su código en la nube sin gestionar servidores, ideal para aplicaciones de microservicios. Ejemplos incluyen:

- **AWS Lambda**: Permite ejecutar código en respuesta a eventos sin necesidad de gestionar servidores.

- **Google Cloud Functions**: Ofrece un entorno para ejecutar funciones en respuesta a eventos de Google Cloud y servicios HTTP.

- **Azure Functions**: Permite a los desarrolladores ejecutar pequeñas piezas de código en la nube sin gestionar la infraestructura subyacente.

5. **Almacenamiento en la Nube**: Ofrece almacenamiento de datos a través de Internet, permitiendo acceso remoto a los datos y mejorando la seguridad y la gestión. Como ejemplo de esto tenemos:

- **Dropbox**: Ofrece almacenamiento en la nube para archivos, permitiendo sincronización y acceso desde múltiples dispositivos.

- **Google Drive**: Proporciona almacenamiento y sincronización de archivos, accesibles desde cualquier lugar con conexión a Internet.

- **OneDrive**: Ofrece almacenamiento en la nube para archivos y permite compartir y sincronizar archivos en múltiples dispositivos.

Ventajas de los Servicios en la Nube

Los servicios en la nube tienen varias ventajas de las cuales podemos destacar las siguientes:
- **Escalabilidad**: Permiten ajustar fácilmente los recursos en función de las necesidades cambiantes.
- **Accesibilidad**: Los datos y aplicaciones están disponibles desde cualquier lugar con conexión a Internet.
- **Costo-Eficiencia**: Reduce la necesidad de grandes inversiones iniciales en *hardware* y *software*.
- **Actualizaciones Automáticas**: Los proveedores de servicios en la nube gestionan las actualizaciones y el mantenimiento.
- **Seguridad**: Los proveedores suelen ofrecer medidas avanzadas de seguridad para proteger los datos.

Desventajas de los Servicios en la Nube

Al igual que ventajas, también existen algunas desventajas que se deben tener en cuenta. Veamos algunas de ellas:
- **Dependencia de Internet**: Sin una conexión estable a Internet, el acceso a los servicios puede ser problemático.
- **Privacidad y Seguridad**: Almacenar datos sensibles en la nube puede presentar riesgos si no se gestionan adecuadamente.

- **Control Limitado**: Las empresas pueden tener menos control sobre la infraestructura subyacente y las actualizaciones del *software*.

En resumen, los servicios en la nube ofrecen una manera flexible y económica de acceder y gestionar recursos tecnológicos, lo que permite a las empresas centrarse más en su crecimiento y menos en la gestión de su infraestructura de TI.

Auditoria de los Servicios en la nube

Desde el punto de vista de auditoría, es crucial considerar diversos aspectos para garantizar que los servicios en la nube se utilicen de manera segura, eficiente y conforme a las normativas. Aquí hay algunas consideraciones claves:

Sobre la seguridad

Acceso y Autenticación: Es fundamental verificar que los controles de acceso y autenticación sean robustos. Esto incluye la implementación de segundo factor de autenticación para asegurar que solo usuarios autorizados puedan acceder a los sistemas y datos críticos.

Cifrado: Asegurarse de que los datos estén cifrados tanto en tránsito como en reposo. Esto protege la información sensible contra accesos no autorizados y posibles brechas de seguridad.

Monitoreo y Detección: Evaluar las capacidades de monitoreo y detección de amenazas del proveedor de la nube. Un sistema efectivo debe ser capaz de identificar y alertar sobre actividades sospechosas en tiempo real.

Cumplimiento y Regulación

Normativas y Políticas: Es crucial que el proveedor de servicios en la nube cumpla con las normativas y políticas relevantes, como GDPR, HIPAA, entre otras. Esto asegura que la organización esté alineada con los requerimientos legales y de industria.

Auditorías y Certificaciones: Revisar las auditorías de terceros y certificaciones del proveedor, tales como ISO 27001 y SOC 2. Estas certificaciones demuestran el compromiso del proveedor con la seguridad y el cumplimiento normativo.

Control y Gestión de Datos

Ubicación de los Datos: Es importante entender dónde se almacenan los datos y las implicaciones legales asociadas a dicha ubicación. Esto puede afectar la soberanía de los datos y el cumplimiento de normativas locales.

Retención y Eliminación de Datos: Verificar las políticas de retención y eliminación de datos del proveedor. Asegurarse de que se cumplan los requisitos organizacionales y normativos en cuanto a la gestión del ciclo de vida de los datos.

Disponibilidad y Continuidad del Negocio

Plan de Recuperación ante Desastres: Evaluar el plan de recuperación ante desastres y la capacidad de recuperación del proveedor. Un plan robusto garantiza la continuidad del negocio en caso de interrupciones o desastres.

Acuerdos de Nivel de Servicio (SLA): Revisar los SLA para asegurarse de que cumplen con los requisitos de disponibilidad y tiempo de respuesta. Estos acuerdos definen el nivel de servicio esperado y las consecuencias por incumplimiento.

Evaluación de Proveedores

Due Diligence: Realizar una evaluación exhaustiva del proveedor, incluyendo su historial, estabilidad financiera y reputación. Esto ayuda a minimizar riesgos y asegurar que el proveedor es una opción confiable y sostenible.

Dependencia del Proveedor: Considerar el riesgo de dependencia excesiva de un solo proveedor. Evaluar alternativas y estrategias para evitar el *vendor lock-in*.

El término «vendor lock-in» se refiere a una situación en la que un cliente se vuelve dependiente de un proveedor específico para productos y servicios, debido a que cambiar a otro proveedor implicaría costos elevados, complejidad técnica, incompatibilidad de datos o una combinación de estos factores.

Gestión de Configuraciones

Configuraciones Predeterminadas: Se debe revisar y modificar las configuraciones predeterminadas para alinearlas con las políticas de seguridad y conformidad de la organización. Configuraciones adecuadas pueden prevenir vulnerabilidades y brechas de seguridad.

Parcheo y Actualizaciones: Asegurarse de que los sistemas y aplicaciones se actualicen y parcheen regularmente. Esto protege contra vulnerabilidades conocidas y mejora la seguridad general del entorno.

Control de Costos

Monitoreo de Costos: Se deben implementar herramientas y procesos para monitorear y gestionar los costos asociados con el uso de servicios en la nube. Esto permite mantener el presupuesto bajo control y evitar gastos innecesarios.

Optimización: Identificar oportunidades para optimizar el uso de recursos y reducir costos. La eficiencia en el uso de la nube puede generar ahorros significativos y mejorar el rendimiento.

Capacitación y Concienciación

Capacitación del Personal: Asegurarse de que el personal esté capacitado en las mejores prácticas de seguridad y uso de la nube. La formación continua es clave para mantener un entorno seguro y eficiente.

Concienciación: Fomentar una cultura de seguridad y concienciación sobre los riesgos asociados con la nube. La concienciación ayuda a prevenir errores humanos y mejora la postura de seguridad de la organización.

Privacidad de Datos

Consentimiento del Usuario: Asegurarse de que se obtenga el consentimiento adecuado de los usuarios para el almacenamiento y procesamiento de sus datos en la nube. Esto es esencial para cumplir con normativas de privacidad y generar confianza.

Control del Usuario sobre sus Datos: Se debe proveer mecanismos para que los usuarios puedan controlar, modificar y eliminar sus datos. Esto da a los usuarios más control sobre su información y mejora la transparencia.

Evaluación de Riesgos

Identificación de Riesgos: Identificar y evaluar los riesgos asociados con la migración y el uso de servicios en la nube. Una evaluación exhaustiva permite desarrollar estrategias de mitigación efectivas.

Planes de Mitigación: Desarrollar y aplicar planes de mitigación para los riesgos identificados. La planificación proactiva ayuda a reducir la probabilidad y el impacto de incidentes de seguridad.

Al considerar estos aspectos, los auditores pueden evaluar de manera más efectiva la implementación y gestión de los servicios en la nube, certificando que se utilizan de manera segura y conforme a las mejores prácticas y normativas.

Acciones que deben realizar los auditores durante la revisión:

1. Seguridad

El auditor debe verificar que se utilice autenticación multifactor (MFA) para todos los accesos a la nube, y que los roles y permisos de acceso estén definidos y aplicados adecuadamente. También debe asegurarse de que los datos estén cifrados tanto en tránsito como en reposo utilizando algoritmos de cifrado robustos y actualizados. Es fundamental evaluar si existe un sistema de monitoreo de seguridad activo, si se implementan herramientas de detección de intrusiones (IDS/IPS) y si los *logs* de seguridad se revisan y responden regularmente.

2. Cumplimiento y Regulación

El auditor debe asegurarse de que el proveedor de servicios en la nube cumpla con todas las normativas aplicables como GDPR y HIPAA, y que las políticas de privacidad y seguridad del proveedor hayan sido revisadas y aprobadas. Además, es necesario verificar que el proveedor tenga certificaciones relevantes como ISO 27001 y SOC 2, y que se hayan realizado auditorías de seguridad por terceros para validar su cumplimiento.

3. Control y Gestión de Datos

El auditor debe conocer la ubicación geográfica de los datos almacenados en la nube y verificar que se cumplan las regulaciones locales e internacionales respecto a dicha ubicación. También es crucial revisar que existan políticas claras de retención de datos y que se implementen procedimientos seguros para la eliminación de datos, asegurando que estos procesos cumplan con los estándares y normativas aplicables.

4. Disponibilidad y Continuidad del Negocio

El auditor debe evaluar si existe un plan de recuperación ante desastres documentado y probado, y si se realizan pruebas periódicas de dicho plan. Es importante revisar y aceptar los SLA del proveedor de servicios en la nube para asegurarse de que cubren los requisitos de disponibilidad y tiempo de respuesta necesarios para la continuidad del negocio.

5. Evaluación de Proveedores

El auditor debe realizar una evaluación exhaustiva del proveedor de servicios en la nube, asegurándose de que tenga un historial sólido de cumplimiento y seguridad. También debe evaluar el riesgo de dependencia excesiva de un solo proveedor y considerar la existencia de planes para la migración a otro proveedor si fuera necesario, para mitigar el riesgo de *vendor lock-in*.

6. Gestión de Configuraciones

El auditor debe revisar y ajustar las configuraciones predeterminadas del servicio en la nube para alinearlas con las políticas de seguridad de la empresa. Además, debe verificar que se apliquen parches y actualizaciones de manera oportuna y que exista un proceso documentado para la gestión de parches, garantizando la seguridad y estabilidad del entorno.

7. Control de Costos

El auditor debe asegurarse de que se utilicen herramientas para monitorear y gestionar los costos de los servicios en la nube. También es necesario revisar los costos de manera regular para identificar posibles optimizaciones y aplicar oportunidades para optimizar el uso de recursos y reducir costos, manteniendo el control financiero del uso de la nube.

8. Capacitación y Concienciación

El auditor debe verificar que el personal reciba capacitación regular sobre las mejores prácticas de seguridad en la nube y que los programas de capacitación se documenten y actualicen periódicamente. Es importante promover una cultura de seguridad y concienciación sobre los riesgos asociados con la nube y realizar campañas de concienciación para mantener al personal informado y alerta.

9. Privacidad de Datos

El auditor debe asegurarse de que se obtenga el consentimiento adecuado de los usuarios para el almacenamiento y procesamiento de sus datos en la nube, y que los usuarios sean informados sobre cómo se gestionan y protegen sus datos. También debe verificar que se proporcionen mecanismos para que los usuarios puedan controlar, modificar y eliminar sus datos, cumpliendo con las políticas de privacidad y derechos del usuario.

10. Evaluación de Riesgos

El auditor debe identificar y documentar los riesgos asociados con la migración y el uso de servicios en la nube, evaluándolos regularmente para adaptarse a los cambios en el entorno. Es crucial que existan y se implementen planes de mitigación para los riesgos identificados, y que estos planes se revisen y actualicen de manera regular para garantizar su efectividad.

Checklist para Auditoría de Seguridad de Servicios en la Nube

1. Seguridad

- ☐ ¿Se utiliza autenticación multifactor (MFA) para todos los accesos a la nube?
- ☐ ¿Están definidos y aplicados los roles y permisos de acceso adecuados?
- ☐ ¿Se cifran los datos en tránsito?
- ☐ ¿Se cifran los datos en reposo?
- ☐ ¿Se utilizan algoritmos de cifrado robustos y actualizados?
- ☐ ¿Existe un sistema de monitoreo de seguridad activo?
- ☐ ¿Se implementan herramientas de detección de intrusiones (IDS/IPS)?
- ☐ ¿Se revisan y responden los *logs* de seguridad regularmente?

2. Cumplimiento y Regulación

- ☐ ¿El proveedor de servicios en la nube cumple con las normativas aplicables (GDPR, HIPAA, etc.)?

- ☐ ¿Se han revisado y aprobado las políticas de privacidad y seguridad del proveedor?
- ☐ ¿El proveedor tiene certificaciones relevantes (ISO 27001, SOC 2)?
- ☐ ¿Se han realizado auditorías de seguridad por terceros?

3. Control y Gestión de Datos

- ☐ ¿Se conoce la ubicación geográfica de los datos almacenados en la nube?
- ☐ ¿Se cumplen las regulaciones locales e internacionales respecto a la ubicación de los datos?
- ☐ ¿Existen políticas claras de retención de datos?
- ☐ ¿Se implementan procedimientos seguros para la eliminación de datos?

4. Disponibilidad y Continuidad del Negocio

- ☐ ¿Existe un plan de recuperación ante desastres documentado y probado?
- ☐ ¿Se realizan pruebas periódicas del plan de recuperación?
- ☐ ¿Se han revisado y aceptado los SLA del proveedor de servicios en la nube?
- ☐ ¿Los SLA cubren requisitos de disponibilidad y tiempo de respuesta?

5. Evaluación de Proveedores

- ☐ ¿Se ha realizado una evaluación exhaustiva del proveedor de servicios en la nube?
- ☐ ¿El proveedor tiene un historial de cumplimiento y seguridad sólido?
- ☐ ¿Se ha evaluado el riesgo de dependencia excesiva de un solo proveedor?
- ☐ ¿Existen planes para la migración a otro proveedor si es necesario?

6. Gestión de Configuraciones

- ☐ ¿Se han revisado y ajustado las configuraciones predeterminadas del servicio en la nube?
- ☐ ¿Las configuraciones cumplen con las políticas de seguridad de la empresa?
- ☐ ¿Se aplican parches y actualizaciones de manera oportuna?
- ☐ ¿Existe un proceso documentado para la gestión de parches?

7. Control de Costos

- ☐ ¿Se utilizan herramientas para monitorear y gestionar los costos de los servicios en la nube?
- ☐ ¿Se revisan los costos de manera regular para identificar posibles optimizaciones?
- ☐ ¿Se identifican y aplican oportunidades de optimización de recursos para reducir costos?

8. Capacitación y Concienciación

- ☐ ¿El personal recibe capacitación regular sobre las mejores prácticas de seguridad en la nube?
- ☐ ¿Se documentan y actualizan los programas de capacitación periódicamente?
- ☐ ¿Se promueve una cultura de seguridad y concienciación sobre los riesgos asociados con la nube?
- ☐ ¿Se realizan campañas de concienciación sobre seguridad en la nube?

9. Privacidad de Datos

- ☐ ¿Se obtiene el consentimiento adecuado de los usuarios para el almacenamiento y procesamiento de sus datos en la nube?
- ☐ ¿Los usuarios son informados sobre cómo se gestionan y protegen sus datos?
- ☐ ¿Se proporcionan mecanismos para que los usuarios puedan controlar, modificar y eliminar sus datos?
- ☐ ¿Se cumplen las políticas de privacidad y derechos del usuario?

10. Evaluación de Riesgos

□ ¿Se identifican y documentan los riesgos asociados con la migración y el uso de servicios en la nube?

□ ¿Se evalúan regularmente los riesgos para adaptarse a los cambios en el entorno?

□ ¿Existen y se implementan planes de mitigación para los riesgos identificados?

□ ¿Se revisan y actualizan los planes de mitigación de manera regular?

Este checklist proporciona una guía detallada para realizar una auditoría de seguridad de los servicios en la nube y garantizar que se cumplan las mejores prácticas y normativas aplicables.

Capítulo 13: Informe de Auditoría

Estructura y Redacción de Informes de Auditoría

Un informe de auditoría de ciberseguridad es un documento formal que presenta los resultados de una auditoría realizada para evaluar el estado de la seguridad de la información y los sistemas tecnológicos de una organización. El objetivo principal del informe es identificar vulnerabilidades, evaluar los controles de seguridad implementados y ofrecer recomendaciones para mejorar la postura de ciberseguridad de la organización.

¿En qué consiste un Informe de Auditoría de Ciberseguridad?

Dicho informe suele incluir las siguientes secciones:

1. Resumen Ejecutivo:

- **Propósito de la Auditoría:** Explica por qué se realizó la auditoría, cuáles son los objetivos y qué alcance tuvo. Este resumen está dirigido a la Alta Dirección y otras partes interesadas que necesitan una visión general de los hallazgos sin entrar en detalles técnicos.
- **Hallazgos Principales:** Presenta de manera concisa los hallazgos más críticos de la auditoría, incluyendo las principales vulnerabilidades, brechas en la seguridad y áreas de mejora.
- **Recomendaciones:** Ofrece una síntesis de las acciones sugeridas para mitigar los riesgos identificados y fortalecer la seguridad.

2. Alcance de la Auditoría:

- **Sistemas y Áreas Evaluadas:** Detalla los sistemas, aplicaciones, redes y procesos que fueron auditados.
- **Normas y Marcos de Referencia:** Menciona los estándares y marcos de referencia utilizados para la evaluación, como ISO 27001, NIST, CIS Controls, entre otros.
- **Período de la Auditoría:** Especifica las fechas en las que se realizó la auditoría y el período de tiempo cubierto.

3. Metodología de Auditoría:

- **Métodos y Herramientas Utilizadas:** Describe las técnicas y herramientas empleadas para llevar a cabo la auditoría, como revisiones de políticas, pruebas de penetración, análisis de vulnerabilidades, entrevistas con personal clave, y revisión de *logs* y configuraciones.
- **Criterios de Evaluación:** Explica los criterios utilizados para evaluar la efectividad de los controles de seguridad.

4. Descripción Detallada de los Hallazgos:

- **Vulnerabilidades Identificadas:** Lista las debilidades o vulnerabilidades encontradas, clasificadas por su severidad (alta, media, baja). Cada vulnerabilidad suele estar acompañada de una descripción técnica, las posibles consecuencias y las evidencias que sustentan el hallazgo.
- **Evaluación de Controles:** Analiza la efectividad de los controles de seguridad implementados, identificando aquellos que requieren mejoras.
- **Cumplimiento con Normativas:** Revisa si la organización cumple con las normativas y regulaciones aplicables, como GDPR, HIPAA, SOX, entre otras.

5. Análisis de Riesgos:

- **Impacto Potencial:** Evalúa el impacto potencial que las vulnerabilidades identificadas podrían tener en la organización, considerando factores como pérdida de datos, daños reputacionales, interrupciones del servicio y multas regulatorias.
- **Probabilidad de Explotación:** Estima la probabilidad de que las vulnerabilidades sean explotadas por actores malintencionados.

6. Recomendaciones:

- **Acciones Correctivas:** Proporciona recomendaciones detalladas para mitigar las vulnerabilidades encontradas y fortalecer los controles de seguridad. Estas recomendaciones pueden incluir la implementación de nuevos mecanismos de controles, mejoras en los procesos, formación del personal o cambios en las políticas de seguridad.

- **Prioridad y Cronograma:** Sugiere el establecimiento de orden de prioridad para abordar las recomendaciones y, si es posible, un cronograma estimado para su implementación.

7. Conclusión:

- **Evaluación General de la Seguridad:** Resume la postura general de ciberseguridad de la organización.
- **Próximos Pasos:** Sugiere los siguientes pasos que la organización debería tomar, como una reevaluación de auditoría futura o la implementación de las recomendaciones.

8. Anexos:

- **Documentación de Soporte:** Puede incluir detalles técnicos adicionales, capturas de pantalla, registros de *logs*, configuraciones revisadas, cuestionarios utilizados, y cualquier otra documentación que respalde los hallazgos y recomendaciones.

Importancia del Informe de Auditoría de Ciberseguridad

Un informe de auditoría de ciberseguridad es crucial para la organización, pues permite que la organización conozca los riesgos críticos que enfrenta, a la vez que puede abordarlos de manera oportuna mejorando la Postura de Seguridad al fortalecer sus controles de seguridad, basándose en recomendaciones fundamentadas. El objetivo es que se cumplan las normativas y estándares relevantes y se eviten posibles sanciones, y además el informe proporciona a la Alta Dirección la información necesaria para tomar decisiones estratégicas relacionadas con la seguridad de la información.

Dicho informe es una herramienta vital para mantener la seguridad de la organización y protegerla contra amenazas cibernéticas cada vez más sofisticadas.

Modelo de Informe de Auditoría

Informe de Auditoría de Ciberseguridad

Fecha de Emisión: 7 de agosto de 2025
Auditor Principal: David Amarante, Auditor Senior
Empresa Auditada: ABC CORP

1. RESUMEN EJECUTIVO

Propósito de la Auditoría: El propósito de esta auditoría de ciberseguridad fue evaluar la efectividad de los controles de seguridad implementados en ABC CORP, identificar vulnerabilidades en sus sistemas y procesos, y ofrecer recomendaciones para mejorar su postura de seguridad. La auditoría cubrió los sistemas críticos, la red y las políticas de seguridad de la organización.

Hallazgos Principales:

1. **Vulnerabilidades Críticas:** Se identificaron varias vulnerabilidades críticas en la infraestructura de red, incluyendo una falta de autenticación multifactor (MFA) en accesos remotos y configuraciones de *firewall* no optimizadas.
2. **Controles de Seguridad Insuficientes:** Los controles de seguridad implementados no cubren adecuadamente todos los activos críticos. Particularmente, se encontraron políticas de gestión de cambios desactualizadas y sin alineación con las mejores prácticas actuales.
3. **Cumplimiento con Normativas:** La organización no cumple completamente con los requisitos del GDPR, específicamente en cuanto al manejo de datos personales y la falta de un proceso adecuado de consentimiento del usuario.

Recomendaciones:

- Implementar autenticación multifactor (MFA) para todos los accesos remotos.

- Actualizar las políticas de gestión de cambios para alinearlas con marcos de buenas prácticas como ITIL.
- Revisar y mejorar los procedimientos para asegurar el cumplimiento total con GDPR.

2. ALCANCE DE LA AUDITORÍA

Sistemas y Áreas Evaluadas:
- Infraestructura de red, incluyendo *firewalls*, *routers* y *switches*.
- Servidores críticos, bases de datos y sistemas de almacenamiento.
- Políticas y procedimientos de seguridad, incluyendo gestión de cambios y retención de datos.

Normas y Marcos de Referencia:
- ISO/IEC 27001:2013
- NIST Cybersecurity Framework
- GDPR (Reglamento General de Protección de Datos)

Período de la Auditoría:
1 de enero de 2024 - 31 de diciembre de 2024

3. METODOLOGÍA DE AUDITORÍA

Métodos y Herramientas Utilizadas:
- **Revisión de Políticas y Procedimientos:** Se evaluaron los documentos de políticas de seguridad, procedimientos de gestión de cambios y políticas de retención de datos.
- **Pruebas de Penetración:** Se realizaron pruebas de penetración en los sistemas clave para identificar vulnerabilidades en la infraestructura de red y aplicaciones.
- **Análisis de Vulnerabilidades:** Se utilizaron herramientas automatizadas para escanear las redes y sistemas en busca de vulnerabilidades conocidas.
- **Entrevistas:** Se entrevistó a personal clave de TI y seguridad para entender las prácticas actuales y los controles implementados.

Criterios de Evaluación: Los sistemas y controles fueron evaluados en función de su alineación con las mejores prácticas de ciberseguridad y su cumplimiento con las normativas relevantes.

4. DESCRIPCIÓN DETALLADA DE LOS HALLAZGOS

1. Vulnerabilidad en Acceso Remoto:

o **Descripción:** La organización no utiliza autenticación multi-factor (MFA) para accesos remotos a sistemas críticos.

o **Impacto:** Esta vulnerabilidad podría permitir que actores no autorizados accedan a sistemas sensibles, poniendo en riesgo la integridad y confidencialidad de los datos.

o **Recomendación:** Implementar MFA para todos los accesos remotos a sistemas críticos.

2. Configuración de Firewall Inadecuada:

o **Descripción:** Se encontraron reglas de *firewall* configuradas de manera insegura, permitiendo accesos innecesarios a puertos críticos.

o **Impacto:** Esto expone a la organización a ataques externos, incluyendo accesos no autorizados y potenciales brechas de seguridad.

o **Recomendación:** Revisar y actualizar las configuraciones de *firewall* para asegurar que solo los puertos y servicios necesarios estén expuestos.

3. Documento de Gestión de Cambios desactualizado:

o **Descripción:** Las políticas de gestión de cambios no se han actualizado en más de tres años y no reflejan las mejores prácticas actuales.

o **Impacto:** Cambios no controlados o mal gestionados pueden introducir nuevas vulnerabilidades o afectar la estabilidad de los sistemas.

o **Recomendación:** Actualizar las políticas de gestión de cambios, alineándolas con marcos como ITIL, e implementar un proceso formal de aprobación de cambios.

4. **Incumplimiento de GDPR:**

- ○ **Descripción:** La empresa no tiene un proceso claro para obtener el consentimiento explícito de los usuarios para el procesamiento de sus datos personales.
- ○ **Impacto:** Esto puede llevar a sanciones regulatorias y dañar la reputación de la empresa en caso de una auditoría de cumplimiento.
- ○ **Recomendación:** Implementar un proceso robusto para obtener y registrar el consentimiento del usuario, asegurando que cumple con los requisitos de GDPR.

5. ANÁLISIS DE RIESGOS

Impacto Potencial:

- • **Pérdida de Datos:** Las vulnerabilidades identificadas podrían resultar en la pérdida o exposición de datos sensibles, afectando la continuidad del negocio y la confianza de los clientes.
- • **Interrupciones del Servicio:** Cambios mal gestionados podrían llevar a interrupciones en los servicios críticos, impactando la productividad y las operaciones de la empresa.

Probabilidad de Explotación:

- • **Alta:** Dada la naturaleza de las vulnerabilidades identificadas y la ausencia de controles adecuados, existe una alta probabilidad de que estas vulnerabilidades sean explotadas por atacantes.

6. PLAN DE ACCIÓN

Acciones Correctivas:

1. **Implementar Autenticación Multifactor (MFA):** Prioridad Alta. Implementar MFA para todos los accesos remotos. Plazo para la implementación, 30 días
2. **Revisar Configuraciones de *Firewall*:** Prioridad Alta. Revisar y ajustar las reglas de *firewall*. Plazo para la implementación, 15 días.
3. **Actualizar Procedimientos de Gestión de Cambios:** Prioridad Media. Actualizar los procedimientos de gestión de cambios

y realizar capacitaciones al personal. Plazo para la implementación, 60 días.

4. **Cumplimiento con GDPR:** Prioridad Alta. Implementar un proceso de consentimiento de usuarios conforme a GDPR. Plazo para la implementación, 45 días.

Prioridad y Cronograma: Las recomendaciones deben implementarse de acuerdo a su prioridad, comenzando con aquellas de alta prioridad, dentro de los plazos establecidos.

7. CONCLUSIÓN

La auditoría de ciberseguridad realizada en ABC CORP ha revelado varias áreas críticas que requieren atención inmediata, especialmente en lo que respecta a la autenticación multifactor y la actualización de políticas de seguridad desactualizadas. Implementar las recomendaciones proporcionadas fortalecerá significativamente la postura de seguridad de la organización, mitigará riesgos importantes y mejorará el cumplimiento con las normativas aplicables.

8. ANEXOS

Documentación de Soporte:
- Resultados detallados de las pruebas de penetración.
- Capturas de pantalla de las configuraciones de *firewall*.
- Registros de entrevistas con el personal de TI y seguridad.
- Ejemplos de políticas actuales y recomendaciones de actualización.

David Amarante, Auditor Senior,

8 de julio 2025

Este ejemplo de informe de auditoría de ciberseguridad proporciona una visión completa y estructurada de los hallazgos, análisis de riesgos y recomendaciones para mejorar la postura de seguridad de una organización. Lo pueden utilizar como referencia para reportar los hallazgos de sus auditorías.

Comunicación de Hallazgos y Recomendaciones

Abordaremos un tema crucial en el proceso de auditoría: cómo comunicar efectivamente los hallazgos y recomendaciones. Este es un aspecto fundamental porque, aunque identificar problemas y proponer soluciones es esencial, si no logramos transmitir esa información de manera clara y efectiva, todo nuestro trabajo puede perder su impacto.

1. Importancia de la Comunicación

Primero, pensemos en la importancia de la comunicación. Imaginemos que hemos encontrado una vulnerabilidad seria en un sistema, pero cuando lo comunicamos, lo hacemos de manera tan técnica y complicada que la persona que recibe la información no entiende la gravedad del problema. O, por otro lado, tal vez minimizamos el problema al presentarlo. En ambos casos, la consecuencia puede ser que no se tomen las medidas necesarias, lo que podría llevar a un riesgo mayor para la organización. Por eso, es vital que las partes interesadas, ya sea la Alta Dirección, el equipo técnico o cualquier otra persona involucrada, comprendan perfectamente lo que estamos diciendo y la urgencia de nuestras recomendaciones.

2. Estrategias de Comunicación

Ahora, hablemos de estrategias de comunicación. Aquí es donde debemos ser muy astutos.

- **Conocer a la audiencia:** No es lo mismo hablar con el CEO de una empresa que con un equipo de ingenieros de TI. Debemos adaptar nuestro lenguaje y el nivel de detalle según quien esté escuchando. Con la alta dirección, quizás debamos enfocarnos más en las implicaciones estratégicas y financieras, mientras que, con el equipo técnico, podemos ser más específicos y técnicos.

- **Priorizar la información:** No todos los hallazgos tienen el mismo peso. Es importante que empecemos hablando de los problemas

171

más críticos y expliquemos claramente sus implicaciones. Esto ayuda a que se tomen decisiones más rápidas y efectivas.

- **Utilizar visuales:** A veces, una imagen vale más que mil palabras. Usar gráficos, tablas y diagramas puede hacer que los datos complejos sean más fáciles de entender. Si estamos hablando de estadísticas, un gráfico puede ser mucho más claro que solo números en un texto.

- **Ser directo y claro:** Es crucial evitar el uso excesivo de jerga técnica, que puede confundir a la audiencia. Debemos ser claros sobre los riesgos que estamos señalando y las acciones que se deben tomar.

3. Métodos de Comunicación

En cuanto a los **métodos de comunicación**, tenemos varias opciones:

- **Presentaciones orales:** A veces, una reunión en persona o virtual puede ser la mejor manera de discutir los hallazgos. Aquí podemos responder preguntas directamente y asegurarnos de que todos entienden lo que estamos diciendo.

- **Informes escritos:** Estos son documentos detallados donde se explican todos los hallazgos y recomendaciones. También es útil crear resúmenes ejecutivos para aquellos que necesitan una versión más concisa.

- **Sesiones de** *feedback***:** Después de presentar los hallazgos, es útil tener sesiones en donde las partes interesadas puedan dar su retroalimentación. Esto no solo aclara dudas, sino también puede generar ideas sobre cómo implementar las recomendaciones.

4. Técnicas de Presentación

Finalmente, hablemos de las técnicas de presentación.

- **Narrativa coherente:** Es importante contar una historia clara sobre cómo encontramos los problemas y por qué son importantes. Esto ayuda a que la audiencia se conecte con la información y entienda el contexto.

- **Enfatizar consecuencias:** No basta con decir que hay un problema; debemos resaltar lo que podría pasar si no se actúa. Esto genera un sentido de urgencia y facilita la toma de decisiones.

- **Proveer soluciones:** No queremos ser solo mensajeros de malas noticias. Siempre que presentemos un problema, debemos ofrecer soluciones prácticas y viables para resolverlo.

En resumen, comunicar hallazgos y recomendaciones no es solo un paso final en la auditoría, sino que es una parte fundamental del proceso. Si lo hacemos bien, podemos asegurar que nuestras recomendaciones sean tomadas en serio y que se implementen para mejorar la seguridad y el funcionamiento de la organización.

Comunicar los hallazgos y recomendaciones de manera efectiva es crucial para que la auditoría tenga un impacto positivo.

Seguimiento y Verificación de Acciones Correctivas

Vamos a profundizar en un tema clave en el proceso de auditoría, que es el **seguimiento y la verificación de las acciones correctivas**. Es fundamental que comprendamos este proceso porque es lo que garantiza que las recomendaciones que hicimos en la auditoría realmente se implementen de manera efectiva y, lo más importante, que los riesgos que identificamos sean mitigados.

Importancia del Seguimiento

Comencemos hablando de la importancia del seguimiento. Imaginen que, después de una auditoría, se identifican varias áreas de riesgo y se proponen acciones correctivas. Si no seguimos de cerca cómo se implementan esas acciones, no podemos estar seguros de que realmente se están solucionando los problemas. El seguimiento garantiza que las recomendaciones no se queden en papel, sino que se conviertan en cambios reales que mejoren la seguridad de la organización.

El objetivo principal aquí es **verificar** que las acciones correctivas no solo se implementen, sino que sean efectivas para mitigar los riesgos que identificamos. Si algo no se implementa correctamente, esos riesgos podrían persistir, lo que podría poner en peligro a la organización.

Proceso de Seguimiento

Ahora, hablemos del proceso de seguimiento. Este proceso tiene varios pasos importantes:

- **Plan de acción:** Una vez que se han hecho las recomendaciones en el informe de auditoría, se debe desarrollar un plan de acción detallado. Este plan debe basarse en esas recomendaciones y describir exactamente qué pasos se van a tomar para abordar cada uno de los problemas identificados.

- **Asignación de responsabilidades:** No podemos simplemente decir «alguien lo hará». Se debe designar a personas específicas como responsables de implementar cada acción correctiva. Esto asegura que haya claridad y responsabilidad en todo el proceso.

- **Tiempos y plazos:** Es crucial establecer plazos claros para la implementación de las acciones correctivas. Si no ponemos fechas límites, es fácil que las cosas se posterguen y que los problemas persistan.

Verificación de Implementación

El siguiente paso es la verificación de la implementación de esas acciones correctivas:

- **Revisiones periódicas:** Estas revisiones son esenciales para verificar el progreso y asegurarse de que las acciones correctivas se están llevando a cabo según lo planeado. Durante estas revisiones, se puede evaluar si los cambios están funcionando o si se necesitan ajustes.

- **Documentación de progreso:** Es importante mantener registros detallados de lo que se ha hecho y del estado de cada acción correctiva. Esto no solo ayuda a seguir el progreso, sino que proporciona evidencia de que las acciones se han implementado correctamente.

- **Pruebas y validación:** No basta con implementar una acción correctiva; debemos realizar pruebas para asegurarnos de que realmente está mitigando el riesgo. Esto es crucial para verificar la efectividad de las soluciones aplicadas.

Informe de Seguimiento

Finalmente, todo este proceso culmina en un informe de seguimiento. Este informe debe incluir:

- **Contenido:** Un resumen del progreso realizado, una evaluación de la efectividad de las acciones implementadas y cualquier recomendación adicional si algo no ha funcionado como se esperaba.

- **Comunicación:** Este informe debe ser comunicado a la alta dirección y a todas las partes interesadas para mantenerlos informados sobre el estado del seguimiento y para discutir cualquier problema pendiente.

En resumen, el seguimiento y la verificación de las acciones correctivas son esenciales para asegurar que los riesgos que identificamos durante la auditoría sean gestionados de manera efectiva. Si este proceso se hace bien, podemos estar seguros de que la organización está mejor preparada para enfrentar futuros desafíos.

Capítulo 14: Estudios de Caso y Ejercicios Prácticos

Análisis de Incidentes Reales

Analizaremos algunos incidentes de ciberseguridad reales para entender mejor cómo ocurren y cómo se pueden gestionar.

Vamos a comenzar con un análisis del famoso ataque de ransomware WannaCry, que ocurrió en mayo de 2017. Este ataque afectó a más de 200 000 computadoras en 150 países, incluyendo organizaciones como el Servicio Nacional de Salud del Reino Unido. WannaCry explotó una vulnerabilidad en el sistema operativo Windows llamada EternalBlue, desarrollada por la Agencia de Seguridad Nacional de Estados Unidos (NSA) y filtrada por un grupo conocido como Shadow Brokers.

El impacto de WannaCry fue devastador: hospitales tuvieron que cancelar citas y cirugías, empresas vieron interrumpidas sus operaciones y gobiernos tuvieron que movilizar recursos significativos para responder al ataque. Este caso subraya la importancia de mantener los sistemas actualizados y aplicar parches de seguridad de manera oportuna.

Otro caso relevante es el ataque a Equifax en 2017, donde se comprometieron los datos personales de aproximadamente 147 millones de personas. Este incidente ocurrió debido a una vulnerabilidad no parcheada en el software Apache Struts. Los atacantes accedieron a nombres, fechas de nacimiento, números de seguro social y direcciones. Este caso resalta la importancia de la gestión de vulnerabilidades y la supervisión continua de los sistemas.

Pasemos ahora al caso de Target en 2013. Los atacantes utilizaron credenciales robadas de un proveedor de servicios de calefacción y aire acondicionado para acceder a la red de Target. Una vez dentro, instalaron malware en los puntos de venta para capturar la información de las tarjetas de crédito de los clientes. El resultado fue una filtración de información de aproximadamente 40 millones de tarjetas de crédito y débito. Este caso destaca la necesidad de gestionar de manera efectiva la seguridad de la cadena de suministro y corroborar que los terceros con acceso a los sistemas sean adecuadamente vigilados.

Estos incidentes nos enseñan lecciones valiosas sobre la importancia de la ciberseguridad y la necesidad de estar siempre preparados para responder a amenazas.

Simulaciones de Auditorías

Realizaremos una simulación de una auditoría de ciberseguridad. Esto nos ayudará a entender cómo llevar a cabo una auditoría efectiva y podremos aplicar los conocimientos que hemos adquirido hasta ahora.

Imaginemos que somos auditores de ciberseguridad contratados por una empresa ficticia llamada TechCo. Nuestro objetivo es evaluar la seguridad de su infraestructura de TI, que incluye servidores, redes y aplicaciones.

El primer paso en nuestra simulación es la planificación de la auditoría. Debemos definir claramente el alcance de la auditoría, los objetivos y las áreas a evaluar. Para TechCo, hemos decidido centrarnos en tres áreas principales: seguridad de los servidores, protección de datos y gestión de accesos.

Comenzamos con la revisión de la seguridad de los servidores. Esto incluye verificar que todos los sistemas operativos estén actualizados con los últimos parches de seguridad, que las configuraciones de los servidores sigan las mejores prácticas de seguridad y que se utilicen soluciones adecuadas de protección contra malware.

Luego, pasamos a la protección de datos. Revisamos las políticas de cifrado de TechCo para asegurarnos de que todos los datos sensibles están cifrados tanto en tránsito como en reposo. También evaluamos las soluciones de prevención de pérdida de datos (DLP) implementadas para proteger contra la exfiltración de información sensible.

A continuación, evaluamos la gestión de accesos. Esto implica revisar las políticas y procedimientos de gestión de identidades y accesos, asegurándonos de que se implementen controles de acceso basados en roles y que se utilicen mecanismos de autenticación multifactor para todas las cuentas críticas.

Durante la auditoría, utilizamos una combinación de técnicas, incluyendo entrevistas con el personal clave, revisiones documentales y pruebas técnicas. Por ejemplo, realizamos pruebas de penetración en los servidores y aplicaciones para identificar posibles vulnerabilidades.

Una vez completada la auditoría, documentamos nuestros hallazgos y recomendaciones en un informe detallado. Este informe debe ser claro y conciso, destacando las áreas de mayor riesgo y proporcionando recomendaciones prácticas para mejorar la seguridad.

La simulación de auditorías es una excelente manera de aplicar los conocimientos teóricos y prepararse para auditorías reales.

¡Enhorabuena! Hemos llegado al final de este interesante recorrido. Con los nuevos conocimientos adquiridos, ya tienes las herramientas necesarias para comprender y realizar trabajos de Auditoría de Ciberseguridad. Recuerda que, si deseas profundizar más en tus conocimientos sobre auditoría, puedes consultar mis cursos publicados en la plataforma Udemy. A continuación, encontrarás los enlaces. También puedes consultar la sección de referencias bibliográficas, en donde cito varias fuentes que te ayudarán a ahondar en cada uno de los temas tratados en este libro.

Enlaces de cursos:
www.udemy.com/course/auditoria-informatica/
www.udemy.com/course/curso-rapido-de-auditoria-de-sistemas/
https://www.udemy.com/user/david-amarante/

Referencia bibliográfica

- NIST. (2023). Cybersecurity Framework v1.1, Framework for Improving Critical Infrastructure Cybersecurity.
- ISACA. (2022). Cybersecurity Fundamentals Study Guide, 3ra Edición.
- ISACA. (2023). CISA Review Manual, 28ª Edición.
- ISO. (2022). International Standard ISO/IEC 27000, 6ta Edición.
- ISO. (2018). International Standard ISO 31000:2018, 2da Edición. Gestión de Riesgos.
- ISACA. (2020). ITAF Professional Practices Framework for IS Audit/Assurance, 4ta Edición.
- ISACA. (2019). ITAF Estándar de auditoría y aseguramiento de SI 1001, Estatuto de la función de auditoría.
- ANSI/TIA. (2021). TIA-942 Telecommunications Infrastructure Standard for Data Centers, 4ta Edición.
- The Institute of Internal Auditors. (2020). Marco de competencias de auditoría interna.
- ISO. (2023). International Standard ISO 19011:2023, 4ta Edición. Directrices para la auditoría de los sistemas de gestión.

www.ingramcontent.com/pod-product-compliance
Lightning Source LLC
LaVergne TN
LVHW051640050326
832903LV00022B/820